HISTOIRE CRITIQUE

DU MAGNÉTISME

ANIMAL.

———✹———

PREMIÈRE PARTIE.

HISTOIRE CRITIQUE

DU MAGNÉTISME

ANIMAL,

PAR J. P. F. DELEUZE.

PREMIÈRE PARTIE.

PARIS,

MAME, IMPRIMEUR-LIBRAIRE,

rue du Pot-de-Fer, n° 14.

1813.

HISTOIRE CRITIQUE

DU

MAGNÉTISME ANIMAL.

~~~~~~

INTRODUCTION.

ON a dit que le choc des opinions faisoit jaillir la vérité. Cette pensée a plus d'éclat que de justesse. Lorsqu'une question agite vivement les esprits, il est difficile de la soumettre à un examen impartial. Le philosophe lui-même a de la peine à se garantir des préjugés qui l'environnent ; et, quand il conserveroit le sang-froid nécessaire à la discussion, il ne réussiroit point à se faire écouter. Ni la raison tranquille, ni la vérité modeste ne sauroient être accueillies au milieu des erreurs brillantes de l'imagination. L'histoire des systèmes en offre la preuve : tant qu'ils ont eu de la vogue, on n'a rien éclairci ; c'est seulement après qu'on a cessé d'y attacher de l'importance qu'on a pu les comparer, et démêler dans chacun d'eux ce qu'il y avoit de raisonnable. Aussi ai-je
~~~~~~

pensé qu'il convenoit d'observer en silence, tant qu'on a disputé avec chaleur pour et contre le magnétisme (1). Mais aujourd'hui que l'insouciance a remplacé l'enthousiasme et l'esprit de parti, je crois utile de rappeler l'attention sur cet objet, et ce motif me détermine à publier le résultat de mes recherches.

Une considération sembleroit devoir m'arrêter. Nous avons sur le magnétisme des recueils rédigés par des hommes que leur rang dans le monde, la considération dont ils jouissent, et leur caractère connu, mettent à l'abri de tout soupçon de mauvaise foi, et cependant ces écrits font peu de sensation. Puis-je me flatter d'avoir plus de succès ? Non, sans doute, mais j'aurai payé mon tribut; ce sera toujours un témoin de plus. Si tous ceux qui ont examiné comme moi pendant vingt-cinq ans avoient le courage de publier la vérité, cette masse d'assertions s'accroîtroit tous les jours, et bientôt elle seroit si considérable, qu'on n'oseroit plus la rejeter sans discussion.

D'ailleurs la plupart des écrits sur le magné-

---

(1) Pour éviter le fréquent emploi d'une expression composée, j'emploierai dans cet écrit le mot *magnétisme* au lieu de celui de *magnétisme animal.*

tisme ne peuvent être lus avec fruit que par ceux qui ont déjà vu des effets ; ils ne sont pas exempts d'exagération. On n'y distingue pas le phénomène principal des circonstances accessoires. Il en est où l'on remarque des erreurs de physique qu'un esprit attentif pourroit séparer, mais dont la première impression est d'écarter la confiance. Enfin, dans plusieurs de ces écrits, au lieu de se borner à constater et rapprocher des faits, on a cherché à les expliquer par des systèmes qui sont le produit de l'enthousiasme, et non le résultat d'une étude approfondie des diverses lois de la nature dans les êtres vivans.

Je prendrai une route différente ; je ne me permettrai aucune hypothèse ; je dirai ce que j'ai vu et ce qu'ont vu des hommes dignes de foi. Je montrerai l'accord qui se trouve entre les expériences faites à diverses époques, en divers pays, et par des hommes d'opinion différente ; je supposerai l'illusion dans tous les cas où elle est possible ; je discuterai quelques circonstances merveilleuses, pour savoir si on ne peut les rejeter sans ébranler la réalité des phénomènes auxquels on les a réunies ; je chercherai quelle peut être la cause de ces phénomènes, ou ce qu'ils ont de commun. J'examinerai enfin les objections proposées contre le magnétisme, et je prouverai que les unes attaquent seulement une vaine théorie et des pratiques auxquelles on a renoncé depuis long-temps, et que les autres naissent de l'ignorance absolue de faits qui se renouvellent tous les jours, et que tout le monde peut vérifier.

Comme je suis persuadé que les ouvrages publiés sur le magnétisme contiennent un ensemble de preuves auxquelles un esprit non prévenu ne peut se refuser, que ceux même des antagonistes appuient les vérités qu'on a voulu combattre, je donnerai une courte analyse de ceux de ces ouvrages qu'il est à propos de consulter, en indiquant ce qu'ils renferment de plus certain. Je critiquerai les auteurs que leur zèle a entraînés trop loin, bien assuré qu'ils approuveront mes motifs, et qu'ils ne seront pas blessés de ma critique.

Je serai souvent obligé de combattre l'opinion des savans que je considère le plus, et je dirai franchement la cause de leur éloignement pour une nouvelle doctrine. J'appartiens au corps des savans, non point par mes talens et mes connoissances, mais par mes goûts, non point comme maître, mais comme disciple. J'ai eu l'avantage de vivre avec eux, et j'ai appris à respecter le caractère moral de ceux qui s'occupent de la recherche de la vérité, et qui, loin des passions du monde, cultivent les sciences dans la retraite ; mais j'ai reconnu que, s'ils sont exempts des préjugés des autres hommes, ils ont quelquefois des préjugés particuliers qui naissent du trop d'étendue qu'ils donnent à certains principes, et de la répugnance qu'ils éprouvent à faire abstraction des opinions reçues pour examiner des opinions nouvelles.

Quoique la question des motifs de crédibilité ait été souvent traitée par les philosophes, et que moi-même je l'aie examinée dans un autre ouvrage, en parlant de l'étude de l'histoire (1), je rappellerai quelques principes à ce sujet. Si l'on convient de la justesse de ces principes ; si l'on reconnoît que je ne m'en écarte pas ; si, en me lisant, on veut bien distinguer les faits sur lesquels on ne peut se faire illusion, de ceux qui peuvent être altérés par l'enthousiasme, par l'ignorance, par la crédulité, j'aurai gagné tout ce que je désire.

Je tracerai ensuite la route que tout le monde peut suivre pour se convaincre, et je montrerai

____

(1) Eudoxe, t. 2, p. 125 et suivantes.

l'insuffisance des moyens qu'ont employés plusieurs de ceux qui en ont témoigné le désir. Je me permettrai de donner quelques avis aux magnétiseurs, sur la conduite qu'ils doivent tenir envers ceux qui demandent à être éclairés, et envers les incrédules. J'ai trop appris à combien de dangers on s'expose par un zèle inconsidéré, et combien on est cruellement détrompé, lorsqu'on s'est flatté de ramener les autres à son opinion, en leur faisant voir des phénomènes extraordinaires.

Je montrerai quelle est l'utilité du magnétisme, et quels peuvent en être les dangers. J'oserai dire ce qu'il faut penser de l'association de plusieurs faits surprenans avec des doctrines mystiques, et je prouverai que les erreurs de physique et les écarts de l'imagination n'infirment point la certitude des faits.

On me reprochera peut-être d'avoir pris le ton dogmatique ; mais comment l'éviter, lorsque, dans une doctrine embarrassée d'idées vagues, on veut fixer l'attention sur quelques principes essentiels, et les séparer de ceux qui sont inutiles ou douteux. Je ne me dissimule point que je vais entrer dans une carrière épineuse ; le désir d'être utile peut seul m'engager à la parcourir. Je n'ai ici rien à gagner, ni pour ma réputation, ni pour aucun des avantages qu'on recherche dans le monde. Si je ne réussis point à ramener les esprits, je ne pourrai échapper au ridicule ; si je réussissois, ce ne seroit point à moi, ce seroit à ceux qui m'ont précédé qu'en reviendroit la gloire. Je suis même bien loin d'espérer ce succès. S'il a lieu, ce ne sera qu'après un temps fort long, et je n'en serai pas témoin. Un ouvrage sur des matières rebattues, fût-il remarquable par la force de la logique et par l'élégance du style, ne change pas l'opinion publique. Des vérités, repoussées d'abord parce qu'elles ont été mal présentées, sont bien plus difficilement accueillies que des vérités inconnues ; elles n'ont pas le privilége d'exciter la curiosité. Le plus grand nombre des lecteurs regardera les faits que je citerai comme des erreurs déjà réfutées, et les raisonnemens que j'emploierai comme fondés sur une métaphysique illusoire ; mais je me flatte qu'il se rencontrera quelques personnes qui, persuadées de ma bonne foi, et frappées des preuves que j'ai rassemblées, se détermineront à vérifier les faits, en suivant exactement la marche que j'indique, et celles-là me sauront gré du service que je leur aurai rendu.

Quant aux hommes éclairés et instruits dont l'opinion est trop arrêtée pour qu'ils croient devoir la soumettre à une nouvelle discussion, j'espère de leur justice que, s'ils n'ont pas le loisir de m'entendre, ils s'abstiendront de prononcer. L'accueil qu'on a bien voulu faire à mon dernier ouvrage prouve que j'ai le goût des bonnes méthodes ; que, sans avoir des connoissances profondes , je suis cependant assez initié dans les principes des sciences pour sentir très-bien quand un fait paroît en contradiction avec ce qui est connu. Lors donc que je me verrai forcé d'admettre de tels faits, ce ne sera point par ignorance, mais par la suite d'une conviction résultante d'un examen réitéré et réfléchi. Je ne chercherai point la cause des faits primitifs, me bornant à les constater, et à donner une théorie qui les lie sans les expliquer. Je me soumets au jugement de tous ceux qui, après avoir pris la peine de tenter des expériences par les moyens que j'indique, pourront avoir une opinion à eux.

Il seroit à désirer pour moi que ce traité restât absolument inconnu à ceux qui ne doivent pas en faire usage, et surtout à ceux qui n'auront pas le loisir de le lire en entier. Quelques phrases détachées en donneroient une idée bien fausse. On ne peut le juger que sur l'ensemble. Des principes qui auront d'abord paru étranges cesseront de l'être lorsqu'on en aura vu le développement. On ne sentira même toute la force des preuves rassemblées dans la première partie qu'après avoir lu la seconde, dans laquelle l'examen des principaux ouvrages sur le magnétisme me conduit à celui des témoignages et des opinions (1).

Si cet écrit tombe entre les mains d'une femme affligée de voir son mari souffrant, d'une mère dont la fille soit dans un état de langueur, d'un ami qui désire soulager son ami, d'un riche habitant de la campagne à qui les pauvres viennent demander des secours et des conseils pour leur santé, je les invite à essayer les moyens que je propose. Je ne leur promets pas d'abord de grands succès, mais je leur promets qu'ils adouciront sensiblement les maux qu'ils ne pourront guérir ; je leur promets que leur conviction devien-

---

(1) J'espère que cette seconde partie justifiera le titre que j'ai donné à mon ouvrage.

dra plus forte de jour en jour, et que les soins qu'ils se seront donnés en silence seront récompensés par une nouvelle force dans les liens de l'amitié, et peut-être par le bonheur d'avoir rendu la santé à une mère, à une épouse, à un ami, à un infortuné. Je ne conseille ce moyen que lorsque les remèdes de la médecine ne paroissent pas encore nécessaires, ou lorsqu'ils sont insuffisans, ou bien lorsqu'on peut associer la médecine et le magnétisme.

Ces cas ne sont pas rares. Et que risque-t-on ? En prenant les précautions convenables, on ne peut jamais nuire. Si de nombreux témoignages ne suffisent pas pour démontrer l'efficacité du magnétisme, ils doivent du moins engager à sacrifier quelques heures pour essayer de faire le bien : rien n'est plus facile, *si l'on sait vouloir.*

PREMIÈRE PARTIE.

—

CHAPITRE I.

De la découverte du Magnétisme, de sa publica-
tion, de sa propagation et des obstacles qui lui
ont été opposés.

LE magnétisme animal, son action sur les nerfs,
son application à la guérison des maladies, et la
plupart des phénomènes qu'il produit, ont été
aperçus, de tous les temps : plusieurs auteurs les
ont décrits et ont cherché à les expliquer ; mais
leurs descriptions sont mêlées de détails absurdes,
et leurs explications sont fondées sur une physique erronée ou sur des opinions superstitieuses.
Il ne faut point s'en étonner ; on employoit le
magnétisme sans savoir ce qu'on faisoit, et personne n'avoit songé à ramener à une même
cause les effets produits par cet agent, à distinguer ce qui lui étoit dû de ce qui dépendoit
de circonstances étrangères, ni à annoncer aux
hommes qu'ils pouvoient le diriger de manière
à le faire servir au soulagement et à la guérison des maladies. Les observations de M. Mesmer le conduisirent à ce résultat, et c'est vrai-

ment à lui qu'on doit la connoissance du magnétisme.

Cet homme extraordinaire, doué d'un caractère énergique, d'un esprit méditatif, d'une imagination forte, fut frappé de quelques phénomènes qui ne pouvoient dépendre des lois connues de la physiologie. En faisant des tentatives pour en pénétrer la cause, il réussit à les reproduire, et il reconnut dans l'homme la faculté d'agir sur les organes de ses semblables par des moyens fort simples en eux-mêmes, mais dont l'efficacité dépend de la volonté de celui qui les emploie. Il lia ses observations à une théorie qu'il avoit peut-être imaginée, et peut-être aussi puisée dans quelques ouvrages peu connus. Les succès qu'il obtint lui donnèrent une idée exagérée de sa puissance, et cette idée augmenta encore ses forces. Il crut alors que le principe qu'il avoit découvert étoit l'agent universel de la nature, et qu'en le dirigeant d'après les procédés qu'il avoit adoptés, il guériroit tous les maux, et pourroit même exercer une grande influence sur l'état des hommes en société. Les guérisons qu'il opéra étonnèrent ceux qui en furent témoins, et bientôt elles excitèrent un enthousiasme qui donna naissance aux prétentions les plus illusoires. D'un autre côté, le récit des merveilles souleva les incrédules; et ceux-ci, loin d'examiner ce qui leur paroissoit absurde, l'attaquèrent tantôt par le raisonnement, tantôt par le ridicule, et quelquefois avec toute la véhémence de l'esprit de parti.

Il faut convenir qu'à l'époque des premiers traitemens publics, les hommes sages étoient fondés à regarder comme des fables les phénomènes qu'on racontoit. Ces phénomènes étoient accompagnés de circonstances tellement incroyables, ceux qui les prônoient les faisoient dépendre de principes si opposés aux lois de la physique et de la physiologie, qu'il n'étoit pas surprenant que les hommes éclairés et instruits dédaignassent de s'en occuper. D'ailleurs, parmi les faits cités à l'appui de l'efficacité du magnétisme, non-seulement il s'en trouvoit plusieurs qui ne prouvoient point ce qu'on avoit annoncé, mais encore plusieurs dont on démontroit la fausseté.

Des malades qu'on disoit avoir été guéris ne l'étoient réellement pas; d'autres racontoient leur guérison, et n'avoient jamais eu que des maux de nerfs que l'imagination avoit produits, et que l'imagination avoit pu dissiper en un instant. Des magnétiseurs promettoient des effets qu'ils ne produisoient point ; ensuite, emportés par l'enthousiasme, ils soutenoient qu'ils les avoient produits. Bien des gens avoient vu des prodiges dans des choses où d'autres témoins plus froids et plus éclairés n'avoient rien aperçu qui méritât quelque attention. Enfin les traitemens étoient accompagnés de pratiques, les unes puériles, les autres dangereuses, et l'exaltation des esprits faisoit craindre qu'on ne se livrât à toutes sortes d'extravagances. Pour comble de maux, la théorie du magnétisme étoit associée à une philosophie occulte, et qui, dans ce qu'on en connoissoit, étoit contraire aux notions reçues, et même aux principes de la saine physique.

Cependant M. Mesmer sollicitoit depuis long-temps l'examen de sa doctrine ; il demandoit qu'on le mît à même de prouver, par des expériences comparatives, les avantages de sa méthode sur celle des médecins ; le nombre de ses partisans s'accroissoit de jour en jour, et les hommes sans préjugés, pensant qu'il pouvoit y avoir quelque vérité mêlée à des erreurs, attendoient de nouvelles lumières pour fixer leur opinion.

Les choses en étoient là lorsque le Gouvernement crut devoir soumettre le magnétisme au jugement de l'académie des sciences, de la faculté et de la société royale de médecine.

Les commissaires nommés par ces compagnies étoient des hommes également recommandables par leurs lumières et par leur droiture ; mais ils étoient tellement prévenus contre la doctrine du magnétisme, qu'ils ne daignèrent pas examiner les effets qu'on citoit en preuve de cette doctrine. Ils observèrent, pour remplir la tâche dont ils étoient chargés ; mais ils firent des expériences comme ils en auroient fait pour vérifier les phénomènes du magnétisme minéral ou de l'électricité ; et cette conduite ne pouvoit en aucune manière les éclairer, comme je le prouverai dans la suite : ils virent bien quelques guérisons surprenantes, quelques crises singulières ; mais ils ne les attribuèrent point à l'agent dont on leur annonçoit la découverte, et ils prononcèrent que le magnétisme n'étoit rien.

Peut-être aussi reconnurent-ils une action : mais, à leurs yeux, l'emploi du nouvel agent avoit tant d'inconvéniens, la croyance à son existence entraînoit tant de folies, qu'il valoit beaucoup mieux en détourner les esprits que de les laisser s'engager dans une carrière dont on ne voyoit pas l'issue. Peut-être même jugèrent-ils que la découverte du magnétisme ne pouvoit se perdre, et que, pour qu'elle produisît des fruits salutaires, il falloit la cultiver lentement et en silence, et attendre le temps où, l'exaltation étant calmée, l'on ne seroit plus exposé au danger d'en abuser.

Voilà, ce me semble, les causes du jugement porté par les commissaires. On se plaignit dans le temps que ce n'étoit point chez M. Mesmer, mais chez M. d'Eslon, qu'ils étoient allés faire leurs observations : cette conduite étoit en effet très-irrégulière : mais je ne prétends en tirer aucune conséquence.

A peine les savans et les médecins eurent-ils prononcé que le magnétisme étoit une chimère, que cette découverte fut poursuivie par le ridicule. On nia les faits les mieux attestés : on traita d'enthousiastes ceux qui les avoient vus : M. Mesmer fut accablé d'injures ; lui et ses partisans furent joués sur les théâtres ; la société de médecine défendit à ses membres de faire usage d'un moyen qu'elle avoit proscrit ; elle raya de son tableau ceux qui ne voulurent pas adhérer à cette défense, et il n'y eut plus que des hommes courageux et zélés pour le bien qui osassent faire des observations et se dévouer pour une cause qu'ils croyoient être celle de l'humanité.

Cette proscription étoit d'autant plus fâcheuse, que les effets du magnétisme étoient imparfaitement connus. Les guérisons n'étoient des preuves que pour ceux qui avoient suivi le traitement : des convulsions, des crises, du sommeil, étoient tout ce que le public avoit vu, et tout ce dont on parloit dans le rapport des sociétés savantes, comme si le magnétisme n'eût été que cela. On comparoit ces crisiaques aux convulsionnaires de Saint-Médard. M. Mesmer n'avoit point encore montré, il n'avoit point analysé le phénomène le plus étonnant, celui qui devoit fournir des preuves d'un autre ordre, exciter un nouvel enthousiasme, répandre la lumière sur la théorie du magnétisme, et donner les moyens d'en soumettre la pratique à des procédés réguliers et faciles : je veux parler du somnambulisme magnétique.

Il paroît que ce fut M. de Puységur qui aperçut le premier ce phénomène. Ayant par hasard adressé la parole à un malade qu'il avoit endormi, ce malade l'avertit de son état et de la possibilité de produire un état semblable chez d'autres malades. Dès-lors le somnambulisme fut observé par tous les magnétiseurs, et l'étonnement qu'excita ce phénomène redoubla leur zèle et leur activité (1).

Reprenons le fil des événemens antérieurs.

Malgré les persécutions dont le magnétisme étoit l'objet, tant de gens avoient été soulagés ou guéris, tant d'autres avoient été témoins des

____

(1) Je ne dis point que le magnétisme auroit fait moins de bien, si on l'eût pratiqué simplement, sans se douter du somnambulisme ; je dis seulement que la découverte du somnambulisme nous a éclairés sur la théorie du magnétisme, et qu'elle a fourni des preuves incontestables d'une vérité qu'on auroit pu long-temps révoquer en doute.

effets produits sur des personnes dont ils ne pouvoient suspecter la bonne foi , tant d'incrédules
avoient été convaincus par leur propre expérience, qu'il n'étoit pas possible de détruire cette
conviction : mais ceux dont la croyance étoit
inébranlable n'avoient aucun moyen de faire
partager leur sentiment aux incrédules. Les rapports des sociétés savantes n'étoient pas encore
faits, que, d'après les discussions qui avoient eu
lieu, on en présageoit. l'issue. M. Mesmer, fatigué d'une lutte continuelle, étoit sur le point
de quitter la France, et sa découverte alloit se
perdre , si, comme cela pouvoit arriver, on refusoit de l'écouter dans les pays étrangers. Le
seul moyen de la conserver étoit d'obtenir de lui
la connoissance des moyens par lesquels il avoit
opéré tant de prodiges. On lui proposa donc de
former des élèves.

M. Mesmer accueillit cette proposition : il
consentit à communiquer sa doctrine à un certain nombre de personnes. Mais il vouloit en
même temps faire sa fortune, et il demanda
qu'on lui assurât au moins deux cent quarante
mille francs.

Ce calcul ne convenoit point à un homme
qui avoit fait une découverte utile à l'humanité : cependant on ne fit aucune objection.
Plusieurs hommes riches se présentèrent; ils

offrirent à M. Mesmer de réunir autour de lui cent élèves qui souscriroient chacun pour une somme de cent louis ; et, pour ne pas différer à recevoir ses leçons, ils s'engagèrent à répondre de la somme de dix mille louis, jusqu'à ce que le nombre des souscriptions fût complet, et à garder le secret en attendant. Leur confiance en M. Mesmer les empêcha sans doute d'énoncer la clause qui limitoit la loi du secret, et de mettre dans la forme de l'acte qu'ils rédigèrent les précautions que la prudence exigeoit. Le nombre des élèves s'accrut de jour en jour ; non-seulement les souscriptions furent remplies, mais on assure qu'on versa entre les mains de M. Mesmer plus de cent mille écus (1).

---

(1) En regrettant que M. Mesmer ait calculé les intérêts de sa fortune, et non ceux de sa gloire, on ne peut cependant blâmer sa conduite. Comme il avoit acheté le droit d'exercer la médecine, il avoit incontestablement celui de faire payer ses leçons. Au reste, il instruisit gratuitement plusieurs personnes ; et je dois citer ici un trait qui prouve qu'il savoit unir la délicatesse à la générosité, et qu'il n'a peut-être pas tiré des souscriptions autant d'argent qu'on a voulu le faire croire. M. Nicolas, médecin de Grenoble, étoit venu pour se mettre au nombre des élèves. En présentant à M. Mesmer la somme convenue, il lui avoua que ce sacrifice le gênoit beaucoup. «Je vous remercie de votre zèle et de votre confiance, lui dit M. Mesmer ; mais, mon cher confrère, que cela ne vous inquiète point : voilà cent louis ; portez-les à la caisse, pour qu'on croie que vous avez payé comme les autres, et que ceci soit un secret entre nous. «C'est de M. Nicolas que je tiens cette anecdote.

M. Mesmer exposa sa doctrine ; plusieurs de ses élèves allèrent établir des traitemens dans les provinces, et même jusqu'à Saint-Domingue, et des sociétés formées sous le nom de *sociétés de l'harmonie* furent chargées de propager le magnétisme sous sa direction et d'après ses principes.

En employant les procédés qui leur avoient été enseignés, les nouveaux magnétiseurs obtinrent partout les mêmes effets : ils ne purent attribuer ces effets à l'imagination, à l'imitation, à la réunion d'un grand nombre de personnes dans un même lieu ; car la plupart exercèrent leur puissance sur des individus isolés, souvent fort incrédules, et sans employer l'appareil qu'on voyoit au traitement de MM. Mesmer et d'Eslon.

Cependant l'harmonie qui sembloit devoir toujours exister entre le maître et les élèves ne fut pas de longue durée. Des prétentions opposées vinrent la troubler : je suis forcé de rappeler cette circonstance, parce qu'elle offre de nouvelles preuves de la réalité du magnétisme.

Les souscriptions dont on étoit convenu ayant été remplies, les premiers élèves de M. Mesmer prétendirent être propriétaires d'un secret qu'ils avoient acheté. Leur intention, disoient-ils, n'avoit point été de satisfaire leur curiosité, mais

de faire connoître à tous les hommes une découverte d'une utilité générale ; il falloit qu'il
n'y eût plus de mystère et que chacun sût à quoi
s'en tenir.

M. Mesmer soutenoit qu'il étoit toujours pro-
priétaire, qu'à lui seul appartenoit le droit de
disposer de sa découverte : il vouloit enseigner
lui-même sa doctrine en Angleterre comme il
l'avoit fait en France, et il se refusoit à laisser
publier ses principes sous divers prétextes. Il
disoit que ses élèves n'étoient pas encore suffisamment instruits ; que, si chacun s'arrogeoit le
droit d'enseigner, on altéreroit la pureté de sa
doctrine ; que, si le magnétisme étoit généralement connu, on en abuseroit : il assuroit enfin
qu'on lui avoit promis le secret. Les premières
raisons étoient évidemment des subterfuges ;
quant à la dernière, les élèves répondoient que
la promesse du secret étoit conditionnelle, et
qu'elle cessoit d'être obligatoire depuis que
M. Mesmer avoit touché le prix dont on étoit
convenu.

Il n'est pas douteux que ceux-ci avoient raison. M. Mesmer avoit dû révéler à ses élèves
l'ensemble et les détails de sa doctrine, c'étoit
à eux à la juger et à en faire un usage convenable : pour qu'il eût eu le droit de leur imposer
des conditions, et de continuer à exercer sur

eux son autorité, il eût fallu qu'il leur eût communiqué gratuitement sa découverte.

Ce qu'il est essentiel de remarquer, c'est que, dans cette scission, quelques-uns des élèves attaquèrent leur maître de la manière la plus violente : ils lui reprochèrent que la théorie qu'il leur avoit débitée avec emphase étoit un assemblage de principes obscurs : et cependant parmi ceux qui critiquent, réforment ou rejettent la théorie, il ne s'en trouve pas un qui dise que la découverte est une chimère : tous reconnoissent les effets du magnétisme et les moyens de les produire (1).

Lorsque les cent élèves souscripteurs et un grand nombre d'autres eurent été instruits par M. Mesmer, si le magnétisme eût été une illusion, peut-on supposer qu'aucun d'eux ne s'en seroit aperçu? Ces élèves étoient dispersés, ils traitoient des malades; s'ils n'eussent pas obtenu des succès, comment seroit-il arrivé qu'aucun d'eux n'avertît le public qu'il avoit été trompé, surtout dans un temps où un pareil aveu étoit sollicité par les sociétés savantes et par des hommes en crédit ? On ne peut

---

(1) Pour être exact, je dois dire qu'un médecin de la faculté se sépara des autres élèves, et se déclara contre le magnétisme, après les premières leçons. Il est surprenant qu'il n'y ait pas eu d'abord un plus grand nombre de dissidens ; car, au sortir du cours de M. Mesmer, la plupart des élèves flottoient encore dans le doute.

dire que ceux qui avoient payé le secret vouloient en tirer parti : tous demandoient que les moyens d'en faire usage fussent mis gratuitement entre les mains de tout le monde. Je conçois que ceux qui n'avoient rien payé pouvoient se croire obligés au silence : mais pour ceux qui avoient donné leurs cent louis, il n'y avoit que deux partis à prendre ; ou celui de se dire engagés au secret, pour ne pas avouer qu'ils avoient été dupes, et d'attendre qu'on cessât de s'occuper de cette folie, qui, comme toutes les autres, n'auroit pu durer long-temps ; ou bien le parti plus généreux de détromper le public : au contraire, tous les élèves, ceux même qui sont vivement exaspérés contre M. Mesmer, attestent qu'il a fait la découverte la plus utile à l'humanité : ils lui reprochent seulement de s'opposer à ce qu'on la rende publique, et de vouloir qu'on admette les explications qu'il a proposées.

J'ai cru devoir insister sur cette observation, parce que la conséquence me paroît sans réplique.

Il eût été à désirer que cette discussion n'eût jamais eu lieu. Les élèves avoient reçu le droit d'instruire d'autres personnes des procédés par lesquels ils produisoient des effets ; les sociétés de l'harmonie avoient établi des traitemens et propagé les principes ; l'essentiel étoit connu. La théorie à laquelle M. Mesmer attachoit tant de prix n'étoit d'aucune utilité ; seulement ceux qui n'avoient pas été instruits par M. Mesmer pouvoient croire qu'il y avoit une cause générale dont on leur avoit fait un mystère. Il n'y avoit pas grand mal à cela : tout se seroit éclairci avec le temps. Ce qu'on publia sur la théorie n'apprit rien à personne ; et il faut convenir de la justesse du mot de M. Doppet, qui disoit, en rendant compte de ce qu'il avoit vu chez M. d'Eslon, dont il étoit l'élève : *Ceux qui savent le secret en doutent plus que ceux qui l'ignorent.* Heureusement on ne s'occupa plus du secret, et toutes les disputes cessèrent d'elles-mêmes lorsque la découverte du somnambulisme vint éclairer les magnétiseurs. Dès-lors la pratique du magnétisme fut universellement répandue, et les phénomènes les plus extraordinaires s'offrirent aux yeux de ceux qui voulurent observer.

Les trois messieurs de Puységur firent, dans les corps où ils servoient, des guérisons si surprenantes, que presque tous les officiers des mêmes corps voulurent être magnétiseurs. Bientôt, à sa terre de Busancy, M. le marquis de Puységur établit un traitement où les malades se rendoient de très-loin. M. le marquis de Tissard fit la même chose à sa terre de Beaubourg en Brie. Une société nombreuse, formée à Strasbourg, et composée de médecins, de savans et de militaires, fit également des cures étonnantes et publia ses mémoires : les mêmes choses se passèrent à Baïonne, à Bordeaux, à Marseille, à Malte, dans plusieurs des principales villes de l'Europe, et jusque dans les colonies. Si l'on compte le nombre des témoins dont nous avons des attestations imprimées, je ne doute pas qu'on en trouvera plus de mille, et ce nombre ne forme pas la dixième partie de ceux qui n'ont pas rendu leur témoignage public.

Il semble que, contre une telle masse d'assertions et de preuves, ni les rapports des sociétés savantes, ni le dédain de plusieurs hommes éclairés, mais qui n'avoient pas voulu voir, ni le ridicule qu'on jetoit sur le magnétisme dans des brochures plaisantes, dans les journaux, et même sur les théâtres, n'auroient dû arrêter les progrès d'une découverte si utile et si bien constatée : cependant on finit par s'occuper beaucoup moins du magnétisme ; on en parla peu, et même, si l'on en croit plusieurs écrivains, cette folie fut enfin oubliée.

S'il en étoit ainsi, ce seroit sans doute une raison de suspecter la réalité de la découverte ; mais rien n'est plus faux. Depuis que je m'occupe de magnétisme, je puis attester que j'ai connu plus de trois cents personnes qui s'en occupent comme moi, et qui en ont produit ou ressenti vivement les effets. Je n'ai pourtant jamais eu de relation avec les sociétés de l'harmonie, où plusieurs magnétiseurs se réunissoient. On peut juger, d'après cela, combien de milliers d'hommes partagent ma conviction. S'il s'agissoit d'une opinion, cela ne prouveroit rien; mais il s'agit de faits, et le nombre des témoignages est une preuve imposante. Cependant il y a eu un ralentissement dont il faut dire la cause.

Je vais commencer par parler d'une circonstance bien humiliante pour la raison humaine : mais, quoiqu'il m'en coûte de la rappeler, il faut répondre à l'une des plus fortes objections contre le magnétisme, à celle qui a dû le faire rejeter par beaucoup d'hommes sensés; il faut montrer en même temps combien est injuste la comparaison qu'on a établie entre un imposteur et un homme de génie, entre une doctrine occulte et absurde, et une simple exposition de faits que tout le monde peut vérifier.

Je vais exposer l'objection dans toute sa force, en laissant parler ceux qui la font.

« Peu de temps après M. Mesmer, disent-ils, on a vu paroître un personnage bien plus extraordinaire. Celui-ci s'annonçoit pour un être d'une nature privilégiée : il ne se bornoit point à la guérison des maladies; il évoquoit les ombres des morts, il donnoit à ses disciples une religion nouvelle ; et cependant il eut des sectaires enthousiastes. Des hommes distingués par leur esprit, par leurs connoissances, et par le rang qu'ils occupoient dans le monde, furent les dupes de ses prestiges ; on les vit rendre une sorte de culte à leur maître, et il fallut qu'une discussion élevée dans un procès malheureusement trop célèbre fît découvrir les manœuvres par lesquelles cet imposteur avoit fasciné les yeux. Plusieurs de ceux qui furent ainsi les dupes de Cagliostro avoient déjà été les partisans de Mesmer : ils avoient été trompés par l'un comme ils le furent par l'autre ; et la fausseté évidente de la doctrine de Cagliostro doit faire rejeter le témoignage de ceux qui l'avoient adoptée, lorsqu'ils soutiennent une autre doctrine également opposée aux notions reçues. »

Voilà ce que disent les antagonistes du magnétisme. Je vais plus loin qu'eux, et je conviens que la croyance au magnétisme a contribué à faire adopter les extravagances de Cagliostro. Plusieurs de ceux qui avoient vu les phénomènes du somnambulisme, ne sachant pas comment ils se produisoient, les avoient attribués à une cause occulte ; et de là étoit résultée chez eux une disposition à la crédulité, qui les avoit portés à recevoir des doctrines mystiques. Cela justifie même l'opposition de plusieurs hommes sages contre le magnétisme : ils craignoient que des faits merveilleux ne conduisissent à recevoir pour vrais des principes qu'on ne comprenoit pas ; et lorsqu'on consent à admettre de tels principes , il est impossible de dire où l'on s'arrêtera.

Pour répondre à l'objection , il suffit de montrer la différence entre la conduite de M. Mesmer et celle de Cagliostro, entre les principes de l'un et ceux de l'autre.

Cagliostro est un inconnu qui s'annonce pour faire des miracles. Ses moyens d'existence, son origine, sa patrie, sa profession, sont autant de mystères. Il agit sur l'imagination , il réveille la crainte et les espérances ; il exige de ses disciples le plus profond secret ; il leur fait voir des choses surprenantes , mais c'est dans des assemblées où tout est préparé : il ne donne à personne le moyen d'opérer les prodiges qu'il prétend opérer lui-même ; il veut que le plus profond secret soit uni à la plus entière confiance ; il défend tout examen. Le mystère l'environne : son langage obscur et métaphorique n'est pas celui de la raison : en initiant ses disciples , il leur promet sans cesse des révélations, des merveilles ; il les enflamme du désir de voir des. choses extraordinaires ; il abuse de leur crédu-

lité ; il séduit l'imagination de quelques femmes, et il en fait des instrumens, sans même
qu'elles s'en doutent.

M. Mesmer est un médecin connu, et qui
avoit même acquis de la réputation par ses talens; il vient montrer des effets que tout le monde
peut examiner, il invite les savans de l'Europe
à les vérifier, il s'adresse aux académies des
sciences, aux sociétés de médecine : il demande
qu'on entende et qu'on discute sa doctrine ; il
ne vous transporte point dans la région des chimères ; il prétend seulement avoir un moyen
physique de guérir, et il admet tout le monde à
ses traitemens.

A la vérité, il fait d'abord un mystère de sa
théorie et de ses procédés ; mais il dit que c'est
parce qu'on pourroit en abuser, et qu'il faut, pour
les employer convenablement, avoir reçu une
instruction préliminaire.

Bientôt après il fait des élèves ; il leur expose
toute sa doctrine, il leur enseigne les moyens
de produire les effets qu'il produit lui-même.
Que sa théorie soit erronée ou non, n'importe :
les moyens qu'il donne réussissent à tous ceux
qui les emploient ; ses élèves, choisis parmi les
hommes les plus éclairés, et dans le nombre desquels se trouvent beaucoup de médecins, se
répandent partout ; ils instruisent les personnes

de leur connoissance, et les mêmes phénomènes se répètent dans des pays éloignés les uns des autres. Le magnétisme est pratiqué indifféremment par des savans et par des hommes sans instruction ; des guérisons s'opèrent dans les campagnes isolées comme dans les grandes villes; de simples paysans sont souvent eux-mêmes de bons magnétiseurs : il n'y a plus de secret; tout le monde peut vérifier les faits ; tout le monde peut magnétiser et se convaincre. Il y a plus : ceux qui nient sont ceux qui n'ont point fait d'expériences ; ceux qui ont fait des expériences reconnoissent tous la puissance du magnétisme.

Dans toute doctrine physique, il ne faut jamais examiner par des raisonnemens *à priori*, ce qui peut être soumis à l'observation : le raisonnement doit être employé à lier les observations entre elles. Il faut observer avant de dire, Cela ne se peut pas. Les élèves de M. Mesmer ne furent point convaincus par ses raisonnemens et par l'exposition de sa théorie : ils le furent seulement lorsqu'ils eurent fait eux-mêmes l'essai d'une faculté dont on leur avoit dit qu'ils étoient doués.

Je crois avoir répondu à l'objection qu'on a tirée du rapprochement entre Cagliostro et M. Mesmer, entre les prestiges de l'un et les guérisons opérées par l'autre : mais ces réflexions ne furent pas faites d'abord : on s'en tint aux apparences, et la fortune momentanée de Cagliostro porta un coup terrible à la doctrine du magnétisme. Plusieurs personnes craignirent d'être confondues avec des adeptes ou des magiciens, et n'osèrent plus rendre témoignage aux vérités dont elles étoient persuadées.

La comparaison des effets qu'on avoit vus chez MM. Mesmer et d'Eslon avec ceux qui avoient eu lieu quarante ans auparavant sur le tombeau du diacre Pâris étoit encore un rapprochement fâcheux pour le magnétisme. Dans les deux circonstances, disoit-on, mêmes jongleries, mêmes effets de l'imagination, même enthousiasme, mêmes guérisons. On sent combien cette objection dut paroître forte dans un siècle de philosophie, et lorsque tant d'écrivains avoient montré l'empire et les dangers de la superstition.

Je suis loin de nier la vérité de ce rapprochement : mais il n'a rien qui doive faire rejeter la doctrine du magnétisme; il tend au contraire à la prouver.

J'ai dit que les effets du magnétisme avoient été vus de tous les temps : la découverte consiste à avoir su s'en rendre maître, à en avoir fait l'application, à les avoir ramenés à une même cause physique. Au tombeau de Pâris, le magnétisme agissoit de même qu'au baquet : la seule différence, c'est qu'aujourd'hui les magnétiseurs dirigent l'agent dont ils connoissent l'action, et qu'à Saint-Médard cette action étoit irrégulière et désordonnée. Au reste, depuis que, dans les traitemens isolés, on a guéri par un magnétisme tranquille, toutes les objections tirées, et des convulsions, et de l'imitation, et de l'imagination, sont entièrement détruites.

Si quelques lecteurs trouvent singulier que j'attribue au magnétisme plusieurs des phénomènes qui eurent lieu jadis à Saint-Médard, je les prie d'attendre, pour prononcer, d'avoir lu la suite de cet écrit.

Les premiers ouvrages publiés en faveur du magnétisme ont aussi fourni des armes à ses détracteurs. Plusieurs de ces ouvrages étoient composés par des enthousiastes qui exagéroient les merveilles, et qui les expliquoient ensuite par des systèmes où l'on voyoit la plus profonde ignorance de la physique et de la physiologie. En adoptant le principe, on avoit l'air d'adopter toutes les conséquences, et les hommes prudens et véritablement instruits gardoient le silence, de peur de compromettre leur réputation. Ce n'est qu'après la découverte du somnambulisme, et lorsqu'on s'est borné à raconter

des résultats d'expériences, qu'il a paru des ouvrages où l'on peut trouver des preuves réelles et
une instruction solide.

D'autres causes ont ensuite contribué à faire
croire à quelques personnes, qui ne se sont pas
donné la peine de prendre des informations,
que le magnétisme étoit oublié.

Dans les premiers temps, la nouveauté des
phénomènes, le merveilleux des effets, avoient
exalté l'imagination d'une foule de gens. A
cela se mêloient des idées de philantropie ; l'ardeur dont on étoit enflammé faisoit surmonter
les difficultés, en soutenant le courage et la patience. Peu à peu cette ardeur s'est ralentie
dans les uns, éteinte dans les autres. Peu de gens
veulent aujourd'hui se dévouer aux soins, aux
privations et aux peines qu'exige la pratique du
magnétisme : la curiosité n'est plus un aiguillon,
parce que les magnétiseurs ont déjà vu assez de
faits singuliers pour ne plus les rechercher, et
que les autres ne prennent aucun intérêt à ce
qu'ils ne croient pas.

Ceux qui s'occupent encore du magnétisme
le font en silence : ils n'en conseillent l'usage
que lorsqu'ils le croient nécessaire, et quelque plaisir qu'ils aient à s'en entretenir, ils ne
le font point avec les incrédules, parce qu'ils
connoissent l'inutilité des assertions et des dis

putes ; et ceux-ci croient que le magnétisme est abandonné, parce qu'ils ne voient plus de traitemens publics, et qu'on n'en parle plus avec enthousiasme.

Enfin les événemens de la révolution ont détourné la plupart des hommes d'une étude qui exige un esprit tranquille et dégagé des passions.

Cependant le magnétisme, quoique suivi avec moins d'ardeur, n'a jamais été abandonné. Depuis 1784 jusqu'en 1789, il s'étoit formé, dans plusieurs villes de l'Europe, des sociétés qui ont établi des traitemens publics ; celle de Strasbourg, fondée en 1785, étoit en 1789 composée de 188 membres, presque tous distingués par leur état et par leurs lumières, et dont plusieurs étoient des médecins très-connus. Ces hommes respectables ont fait imprimer annuellement le résultat de leurs observations et de leurs travaux ; et plus de cinq cents personnes qui avoient eu recours à leur bienfaisance se sont empressées de publier les obligations qu'elles leur avoient. Des particuliers ont traité des malades isolément, soit à la ville, soit à la campagne, et ont cru devoir rendre hommage à la vérité. Lorsque la révolution a forcé les hommes qui sacrifioient ainsi leur temps et leur fortune à se disperser, à s'occuper de leur sûreté individuelle, et à garder le silence sur des objets qui les auroient

exposés à la persécution, la pratique du magnétisme s'est conservée sans ostentation dans
l'intérieur des familles ; et d'innombrables témoignages, non interrompus depuis la découverte jusqu'à ce jour, prouvent qu'on a continué de s'y livrer avec efficacité. Aujourd'hui
même on paroît s'en occuper avec plus d'attention, et je connois plusieurs médecins distingués qui, dans certains cas, conseillent et
emploient eux-mêmes le magnétisme.

Je ne m'étendrai pas davantage sur ce qui
est relatif à la découverte du magnétisme, à la
publication et à la propagation de cette découverte en Europe, aux obstacles qu'elle a
éprouvés, aux causes qui ont paru en ralentir
les effets. Pour prouver ce que j'ai avancé, il
faudroit transcrire des volumes. Ceux qui veulent s'assurer que je n'ai rien dit qui ne soit
exact peuvent consulter les ouvrages publiés
sur le magnétisme, depuis 1781 jusqu'à ce jour.
Je donnerai une analyse de ceux de ces ouvrages
qui me paroissent contenir des faits, des principes et des objections. Je vais maintenant exposer les preuves de la réalité du magnétisme, et
les moyens de se convaincre de son action.

CHAPITRE II.

Preuves du Magnétisme, et moyens de se convaincre.

Lorsque nous voulons porter un jugement sur une doctrine contraire à nos opinions, il faut examiner les preuves sur lesquelles cette doctrine est fondée.

Ces preuves sont, ou des assertions, ou des faits, ou des raisonnemens.

Je distingue les assertions des faits, en ce que ceux-ci peuvent être discutés par la comparaison des circonstances, ou vérifiés par des expériences, tandis que je ne considère les assertions que comme des opinions avancées par des observateurs.

Les assertions ne sont de quelque poids qu'autant qu'elles viennent d'hommes infiniment recommandables par leurs lumières et par leur véracité. Elles ne suffisent point pour amener la conviction, elles engagent seulement les hommes sages à suspendre leur jugement, lorsqu'ils ne peuvent découvrir comment ceux qui les ont avancées ont été induits en erreur. Elles

doivent être pesées avec d'autant plus de défiance, qu'elles sont plus extraordinaires et plus
éloignées des notions reçues.

Les faits doivent être considérés d'abord isolément, puis dans leur ensemble. La première
condition pour se rendre capable de les bien
juger, c'est de se dépouiller de toute prévention. On est en droit de les rejeter sans examen, s'ils sont en contradiction avec une loi de
la nature : mais il faut pour cela que cette loi
soit démontrée, et que l'opposition soit évidente.

Parmi les faits, il en est qu'on peut vérifier
soi-même par des expériences. Dans ce cas, il
est indispensable d'avoir recours à ce moyen, et
de ne pas négliger les précautions, même les plus
minutieuses, lorsqu'elles sont indiquées comme
nécessaires au succès.

Il est d'autres faits qu'on ne peut examiner
de cette manière, et qu'on doit adopter ou rejeter d'après le témoignage de ceux qui les attestent. Ceux-là sont soumis aux principes de la
critique historique ; et je vais en peu de mots
rappeler ces principes, qui sont connus, mais
dont on ne fait pas toujours usage.

Les preuves se tirent,

1º Du nombre des témoignages ;

2º Du caractère des témoins ;

3° Des lumières des témoins ;

4° Des motifs des témoins ;

5° De la probabilité que ces témoins n'ont pu être trompés ;

6° De l'accord qui se trouve entre les diverses relations ;

7° De l'accord entre les diverses parties d'une même relation.

Arrêtons-nous un moment sur l'emploi de ces différens genres de preuves.

1° Le nombre des témoignages ne doit point être évalué par le nombre des personnes. Le témoin immédiat, celui qui a lui-même observé toutes les circonstances du fait, est le seul dont l'attestation ait de la valeur. Les autres ne doivent point être comptés, lors même qu'ils se sont informés et qu'ils ont vu une partie des faits. Je vais plus loin, et je prétends que, si un événement extraordinaire a eu lieu au milieu d'une foule de témoins, qui tous assurent l'avoir vu, leur attestation mérite moins de confiance que celle d'un petit nombre d'observateurs ; parce que, dans les assemblées nombreuses, l'enthousiasme se communique et s'oppose au sang-froid nécessaire pour un examen attentif.

2° Le caractère des témoins doit influer sur la confiance qu'on leur accorde. Si ce sont des hommes graves, d'un âge mûr, d'un état distin-

gué dans la société, s'ils jouissoient de la considération publique et de l'estime de ceux qui
les connoissoient, ils ont dû craindre de se compromettre, et ne pas attester légèrement ce dont
ils n'avoient pas une entière certitude.

3° La troisième considération porte sur les
lumières des témoins.

4° La quatrième, sur les motifs qui les ont
déterminés. Je réunis ces deux considérations,
parce qu'il ne suffit pas, pour bien voir, de désirer de connoître la vérité, d'être assez éclairé
pour discerner la réalité des apparences et pour
échapper aux illusions ; il faut encore que le jugement ne soit pas faussé par l'intérêt et par les
passions, qui souvent ont égaré les hommes
dont les intentions étoient les plus pures.

5° Il faut examiner si le fait raconté par les
témoins est de telle nature qu'ils n'aient pu se
tromper ni être trompés, et distinguer dans le phénomène ce qui est essentiel de ce qui ne l'est pas.

6° Lorsque des faits semblables ont été vus
en différens pays, à différentes époques, et par
des observateurs qui n'avoient aucune relation
les uns avec les autres, il est essentiel d'examiner
si ces faits sont d'accord entre eux, si certaines
circonstances ne sont pas niées par les uns, tandis
qu'elles sont attestées par les autres ; car alors il
ne faut recevoir comme prouvées que les parties

sur lesquelles tous sont d'accord. Le silence de quelques observateurs sur telle ou telle circonstance n'en détruit pas la probabilité, parce qu'il est possible que tous n'aient pas vu ou raconté les mêmes détails ; mais on doit rejeter tout ce dont un seul observateur attentif nie positivement la réalité.

7° L'accord entre les diverses parties d'une même relation, ou la liaison des circonstances avec le fait principal, et leur dépendance d'une même cause ou de plusieurs causes, sont des points qui doivent être examinés avec la plus scrupuleuse attention, et discutés avec la plus sévère critique. Un fait vrai peut être raconté avec des accessoires faux : il est important de discerner ces accessoires, de rechercher les causes de l'illusion, et de déterminer jusqu'où cette illusion a pu s'étendre.

Pour cela il est essentiel de s'assurer si la relation a été rédigée dans le moment même où les faits ont été vus, ou long-temps après et de souvenir ; car ces deux circonstances doivent modifier le jugement qu'on porte de la vérité des détails.

Si la relation a été rédigée dans l'instant, l'auteur aura rendu avec plus de naïveté les impressions qu'il a éprouvées, les détails de ce qui s'est passé sous ses yeux ; mais aussi il faudra se tenir plus en garde contre l'enthousiasme , et surtout contre des conséquences qui ne sont pas le fruit de la réflexion et des comparaisons.

Si la relation présente une série de faits successifs, elle sera d'un bien plus grand poids, dans le cas où les faits auront été écrits à mesure qu'on les a vus ; car alors on ne pourra soupçonner que l'accord qui se trouve entre les diverses époques soit dû aux opinions et aux préventions de l'auteur.

Revenons sur quelques-uns de ces objets.

Les faits dont on a donné la relation peuvent se ranger sous trois classes.

Les uns sont nécessairement vrais , si celui qui les raconte n'est pas un menteur ou un aliéné.

Les autres peuvent n'être pas vrais , quoique celui qui les raconte soit de bonne foi , parce qu'il a pu se tromper.

Les autres enfin peuvent être vrais en partie , mais altérés dans les circonstances.

Choisissons quelques exemples parmi les faits rapportés à l'appui du magnétisme.

Le nommé Viélet, garde - chasse et maître d'école à Espiez, près Château-Thierry , malade depuis quatre ans d'une affection de poitrine , accompagnée de beaucoup de maux dont le détail et le traitement se trouvent dans les consultations adressées à plusieurs médecins pendant cet intervalle , est mis en somnambulisme par M. de Puységur , le 15 novembre 1784, à dix heures du soir. Interrogé sur son état, il dit qu'éprouvant de la fatigue à parler , il préfère mettre par écrit le détail de sa maladie. En conséquence , M. de Puységur lui remet deux feuilles de papier, qu'il a la précaution de marquer , et l'enferme, sans lumière, dans une chambre dont il prend la clef. Pendant la nuit, Viélet écrit l'histoire circonstanciée de sa maladie, des sensations qu'il éprouve dans l'état de somnambulisme , de la manière dont il sent la cause et la nature de son mal , et de la crise qui doit opérer sa guérison. Il dit dans cet écrit, daté du 16, que le lendemain 17 , entre neuf et dix heures, il rendra, après beaucoup de souffrances , une partie d'un dépôt qu'il a dans la poitrine ; et le 16 , à sept heures du matin , étant encore en somnambulisme , il remet à M. de Puységur cet écrit, à tous égards fort extraordinaire. M. de Puységur va tout de suite le déposer chez le notaire de Soissons. Le lendemain Viélet , à l'heure indiquée , rend le dépôt en présence de témoins : il annonce ensuite sa guérison , et tout se vérifie exactement.

On ne peut nier ce fait sans supposer que M. de Puységur a fabriqué l'écrit qu'il a fait imprimer sous le nom de Viélet, et que des témoins respectables sont complices de cette supercherie.

M. Tardy de Montravel écrit tous les jours les détails du traitement magnétique de mademoiselle N. Ce traitement dure près d'un an. La correspondance entre les prédictions faites au mois d'avril et la vérification au mois de mai est incontestable , si M. Tardy n'a pas eu l'intention formelle de tromper le public ; car les crises annoncées par mademoiselle N. sont de celles dont il est impossible de prévoir le moment dans l'état naturel , et qu'il est également impossible de simuler.

On peut citer des milliers de faits du même genre.

La guérison des maladies appartient au second ordre de preuves.

J'ai moi-même guéri des maladies qui paroissoient incurables ; mais j'ai pu me tromper sur la nature de ces maladies : j'ai pu me tromper surtout en attribuant la guérison aux moyens que j'ai employés.

Dans ce cas, la preuve que les effets sont dus à la cause à laquelle on les attribue ne peut résulter que d'un très-grand nombre de faits analogues ; et cette preuve , convaincante pour celui qui a fait les expériences, est très-foible pour ceux qui recueillent des témoignages, et qui ont toujours droit de supposer dans les témoins de la prévention, de l'exagération et de l'enthousiasme.

Quant aux faits vrais en partie, mais altérés dans les circonstances, c'est sur ceux-là principalement que la critique doit s'exercer. Il faut écarter comme douteux tout ee qui peut être attribué à la crédulité, à la précipitation, à l'illusion, etc.; mais ce qui reste doit être admis. Malheureusement c'est une distinction que les partisans et les antagonistes de tout nouveau système négligent également. Chez les uns, la vérité du fait principal entraîne la croyance aux accessoires : il suffit aux autres d'avoir reconnu quelques circonstances fausses dans une relation pour qu'ils se croient autorisés à la rejeter en totalité.

Enfin, après avoir recueilli et constaté les faits, il faut voir s'ils prouvent ou non la doctrine de ceux qui les ont racontés. On ne sauroit apporter trop de soin dans cette discussion. Il faut rejeter toute conjecture, et n'admettre que les conséquences qui découlent évidemment des faits.

Je crois avoir posé les principes d'après lesquels on doit se conduire dans l'examen d'une doctrine nouvelle et qui paroît contraire aux opinions reçues. Faisons l'application de ces principes au magnétisme.

Je demande qu'on admette uniquement les faits attestés par des témoins dont on ne peut soupçonner la bonne foi, et sur lesquels ces témoins n'ont pu se tromper; qu'on en retranche toutes les circonstances qui ne sont pas aussi bien établies que le fait en lui-même; qu'on ne compte pour rien les témoignages sur lesquels il peut y avoir quelque incertitude; qu'on ne tire de conséquences pour la doctrine qu'autant que ces conséquences sont évidentes; qu'on rejette tout principe, toute circonstance qui seroit en contradiction avec une loi de la nature. Mais, en même temps, je crois avoir droit de demander qu'on ne soit pas détourné d'examiner par les extravagances de quelques enthousiastes : car les mauvaises preuves qu'on a données d'un fait n'empêchent pas que ce même fait ne puisse être établi sur des preuves convaincantes.

Maintenant, si l'on examine d'après ces principes les preuves du magnétisme, on trouvera,

1° Que les effets du magnétisme sont attestés par plus de mille témoins qui ont donné leur attestation par écrit. Que ces témoins les ont éprouvés, ou fait éprouver à d'autres, ou examinés avec la plus scrupuleuse exactitude;

2° Que la plupart des témoins ont d'abord

regardé ces effets comme impossibles, et n'ont changé d'opinion qu'après avoir été convaincus par l'expérience;

3° Que les témoins dont je parle sont des gens éclairés, que parmi eux se trouvent un grand nombre de médecins, que plusieurs sont des hommes que leur rang et leur caractère auroient détournés de s'exposer au ridicule en publiant des faits extraordinaires, s'ils n'avoient regardé comme un devoir de rendre hommage à la vérité;

4° Que ceux qui ont rendu leur témoignage public par la voie de l'impression sont en bien petit nombre en comparaison de ceux qui, ayant vu les mêmes faits, se contentent de les attester quand on leur demande leur avis; que je pourrois, par exemple, citer dans cette dernière classe plus de trois cents personnes de ma connoissance, et que je ne connois certainement pas la millième partie de ceux qui sont aussi convaincus que moi;

5° Que, dans le nombre beaucoup plus grand de ceux qui nient les effets du magnétisme, on ne trouve personne qui ait pris pour s'éclairer le seul moyen convenable et certain, quoiqu'on en trouve beaucoup qui ont vu en passant; ce qui est bien plus propre à détruire la confiance que de ne rien voir du tout;

6° Que si quelques enthousiastes ignorans débitent des choses absurdes sur le magnétisme, c'est qu'ils ont vu des faits, et qu'emportés par leur imagination, ils en ont altéré la simplicité, et les ont expliqués par des théories insensées ; que si le témoignage de tels hommes ne doit pas être donné en preuve, il n'autorise pas non plus à rejeter celui des observateurs éclairés ;

7° Que, parmi les relations des traitemens magnétiques, plusieurs ont été rédigées en forme de journal ; l'observateur écrivant après chaque séance ce qu'il venoit de voir et d'entendre, et que dans ce cas la correspondance entre les diverses parties de la relation ne peut être révoquée en doute qu'autant qu'on suspecteroit la bonne foi de l'auteur ; ce qui ne se peut vis-à-vis de personnes comme MM. de Puységur, M. Tardy de Montravel, et cent autres également connus ;

8° Qu'il est impossible de supposer que les cent quatre-vingt-huit membres qui, en 1789, composoient la société de Strasbourg, et dont la plupart sacrifioient, depuis quatre ans, leur temps, et même leur santé, au traitement magnétique, soient des visionnaires, et que les malades qu'ils ont guéris, ainsi que les parens, les amis, et les médecins de ces malades qui ont attesté les guérisons, et qui sont au moins au nombre de cinq cents, soient tous des dupes;

9° Qu'on peut faire le même raisonnement pour les sociétés de Bordeaux, de Lyon, etc.;

10° Que le témoignage d'un grand nombre de magnétiseurs, qui, sans appartenir à aucune société, ont obtenu les mêmes résultats en traitant, pendant plusieurs années de suite, des malades isolément et en silence, détruit l'objection qu'on pourroit tirer de l'esprit de corps;

11" Que s'il y a parmi les magnétiseurs différence d'opinion sur la théorie, il n'y en a point sur la réalité et l'efficacité de l'agent qu'ils emploient.

12° Que, lors même que le magnétisme n'auroit pas opéré les guérisons qu'on lui attribue, son action physique sur les hommes malades n'en seroit pas moins démontrée par une multitude d'autres effets;

13° Que quand on révoqueroit en doute les neuf dixièmes des relations, il en resteroit encore assez pour fournir des preuves convaincantes.

14° Que si l'on compare les écrits pour et contre le magnétisme, on trouve que les premiers sont, pour la plupart, des recueils de faits positifs parfaitement attestés, tandis que les seconds (si l'on excepte les rapports des sociétés savantes) ne contiennent que des plaisanteries ou des objections vagues, ou des assertions souvent contredites par ceux même qu'on citoit pour garans, ou enfin des rapprochemens de la doctrine et des succès de M. Mesmer avec la doctrine et les succès de quelques enthousiastes ou de quelques charlatans; ce qui doit engager à examiner les faits avec la plus scrupuleuse défiance, mais n'en prouve nullement la fausseté;

15° Que les commissaires de l'académie des sciences et ceux de la société royale de médecine, loin de nier les effets, en reconnoissent de fort extraordinaires; et que, pour expliquer ces effets, ils ont recours à des causes insuffisantes, et dont aucune n'existe dans les traitemens qui ont eu lieu depuis 1784, puisque dans ces traitemens on n'a plus vu ni crises convulsives, ni appareil propre à frapper l'imagination;

16° Que la théorie attaquée dans ces mêmes rapports étoit hypothétique, et absolument inutile pour établir la réalité de l'agent et l'efficacité de son action;

17° Que, par le seul amour de la vérité, l'un des commissaires a eu le courage de faire un rapport particulier, quoique ses collègues, et même un ministre puissant aient employé les plus fortes sollicitations pour l'en détourner;

18° Qu'un grand nombre de pratiques en

usage chez les anciens peuples, un grand nombre de guérisons opérées par la médecine d'attouchement et d'incantation, en un mot, une
multitude de faits extraordinaires bien attestés,
s'expliquent naturellement par le magnétisme,
et que la connoissance des effets qu'il peut produire suffit pour renverser les opinions superstitieuses qui ont long-temps égaré les hommes ;

19" Enfin que, depuis 1784, les procédés du
magnétisme étant généralement connus, les expériences s'étant multipliées à l'infini, et les faits,
qu'on avoit mal vus d'abord, ayant été bien observés et dégagés des circonstances étrangères,
il est absurde de rappeler des objections dont
aucune ne peut attaquer la pratique et la théorie
adoptées aujourd'hui, et de rejeter d'après ces
objections des faits qu'on peut à chaque instant
vérifier soi-même.

Pour s'assurer que je n'ai mis aucune exagération dans les motifs que je viens de présenter, il
suffit de lire les écrits de MM. de Puységur,
ceux de M. Tardy de Montravel, la relation des
cures opérées à Strasbourg, et quelques autres
ouvrages de ce genre.

On trouvera dans ces livres plus de mille témoignages, tous donnés par des personnes respectables, qui ont ressenti ou opéré les effets
dont je parle.

Il faudra négliger tout ce qui tient à la théorie, toutes les explications, pour ne s'arrêter qu'aux faits bien constatés, et sur lesquels il est impossible que ceux qui les racontent aient été trompés.

Quand on aura fait cet examen de bonne foi, je pense qu'on sera convaincu qu'il y a dans le magnétisme quelque chose de réel, et qui ne peut être produit par aucune autre cause.

Mais cette conviction de l'esprit ne suffit pas; elle s'affoiblit à mesure qu'on perd le souvenir de ses lectures, et qu'on entend traiter avec dédain les opinions dont on étoit persuadé. La seule conviction réelle et solide est celle qui résulte de notre propre expérience, et qui se lie avec les choses que nous avons vues et dont nous continuons à nous occuper. Pour qu'une vérité détermine notre jugement d'une manière invariable, pour qu'elle influe sur notre volonté et nos actions, ce n'est point assez qu'elle se soit montrée à notre esprit, il faut qu'elle soit appuyée par le témoignage de nos sens, qu'elle ait pénétré notre cœur, et qu'elle se trouve associée à nos habitudes.

Je vais dans un instant donner le seul moyen d'acquérir cette intime conviction ; mais j'ai encore un mot à dire du troisième genre de preuves, celles de raisonnement.

Pour que le résultat d'un raisonnement soit certain, il faut, 1° que ce raisonnement soit appuyé sur des principes évidens, ou du moins incontestables; 2° que les conséquences soient déduites d'une manière rigoureuse.

On a oublié cela lorsqu'on a voulu établir la théorie du magnétisme sur des principes métaphysiques; et de là vient que cette théorie est incertaine, et qu'il y a même plusieurs théories fausses.

On a supposé tantôt un fluide universel qui établit une communication entre tous les êtres, tantôt une action de l'âme indépendamment des organes, tantôt une physique occulte, des sympathies, des rapports, un instinct inné, etc. Tout cela est obscur et ne peut satisfaire les esprits sages et les vrais physiciens.

La théorie ne peut être que l'enchaînement des faits, et l'expression des lois qui leur sont communes; et parmi les faits qu'on a cités, il en est de douteux, d'autres qui ne sont pas assez prouvés, d'autres qui sont faux dans plusieurs de leurs circonstances.

Ainsi, dans l'état actuel des choses, il faut abandonner toutes les théories, et voir seulement s'il y a assez de faits certains pour constater la réalité des effets du magnétisme.

Il faut ensuite se défendre de tirer de ces faits

aucune conséquence qui n'y soit pas nécessairement renfermée.

Mais, en rejetant toute théorie , on doit recueillir soigneusement les faits, les comparer , les classer et chercher à découvrir le lien qui les unit et les lois dont ils dépendent.

Laissons donc tous les raisonnemens , toutes les opinions métaphysiques, tout ce qu'on a trouvé dans les philosophes anciens , et dans les écrivains du dix-septième siècle , et cherchons les vérités dont nous pouvons nous convaincre par l'observation et l'expérience.

Je vais indiquer la route qu'il faut suivre pour s'assurer des effets du magnétisme. Je suppose que je parle à un homme à qui la lecture des écrits que j'ai cités et les preuves que j'ai rapportées ont donné un commencement de croyance , et qui désire sincèrement s'éclairer par sa propre expérience , et fixer invariablement son opinion. Cette disposition d'esprit est nécessaire au succès.

Après avoir lu les ouvrages que je vous ai indiqués , pour y prendre une idée exacte des procédés et de l'action du magnétisme , cherchez parmi vos connoissances quelqu'un qui en ait suivi la pratique ; vous le trouverez aisément, et ses conseils pourront vous aider et soutenir votre confiance. Cependant cette instruction

donnée immédiatement n'est pas tellement nécessaire que vous ne puissiez vous en passer.

Allez ensuite à la campagne, si cela vous est
possible ; car il est bien plus facile de faire des
expériences dans les hameaux et les villages
que dans les grandes villes : toutefois cette condition n'est point essentielle, et je la propose
seulement parce qu'elle promet des succès plus
prompts et plus sûrs.

Etabli au milieu des gens de la campagne,
qui ont en général des mœurs plus pures, plus
de simplicité, et une organisation moins altérée
par les passions et par les remèdes que ceux
des villes, cherchez les malades, et choisissez
de préférence ceux dont l'état n'est pas assez
dangereux pour que vous craigniez que la marche de la maladie ne soit trop rapide.

Montrez à un ou deux de ces malades de l'intérêt et de l'affection : dites-leur que vous désirez
les soulager. Ne prononcez point vis-à-vis d'eux
le nom de magnétisme ; évitez tout ce qui peut
agir sur leur imagination : touchez-les sous prétexte que leur sang ne circule pas bien, que vous
voulez voir si les pulsations du cœur sont ré-
gulières, que vous voulez essayer si quelques
frictions ne calmeraient pas leurs maux, etc. Il
est si facile de persuader à de pauvres gens
qu'on désire les guérir, et qu'on en a les moyens,

que vous n'éprouverez pas beaucoup de difficulté. L'essentiel est de ne pas agir sur leur imagination, pour être plus sûr des effets.

Touchez ainsi chaque jour les deux malades que vous aurez choisis, et continuez pendant une semaine. Si, après ce temps, vous n'avez produit aucun effet sensible, cherchez d'autres sujets pour vos expériences. J'ose assurer qu'il n'arrivera jamais à un magnétiseur de toucher dix malades sans en trouver un qui éprouve les effets du magnétisme d'une manière éviden*e.

Cependant on n'agit qu'autant qu'on exerce convenablement une faculté dont on est doué ; et comme je ne vous suppose pas encore convaincu que vous avez cette faculté, j'ai à vous prescrire des conditions de la plus grande importance : si vous les remplissez, je vous réponds du succès ; si vous les négligez, vous ne réussirez que foiblement, peut-être pas du tout ; mais alors, soyez de bonne foi, et convenez que vos expériences n'ont pas été bien faites, et que vous n'avez plus le droit de prononcer que ce qu'on vous a annoncé n'est pas possible.

Ces conditions paroissent des folies aux incrédules ; mais je vous répète qu'elles sont indispensables, et que si vous êtes résolu à sacrifier six semaines pour vous éclairer et pour fixer votre opinion, il faut, pendant ces six semaines, faire abstraction de tous vos préjugés, de toutes vos opinions antérieures, et être docile à tout ce que je vais vous prescrire. Ne raisonnez point; après les six semaines vous raisonnerez tant que vous voudrez, et vous vous déciderez d'après ce que vous aurez vu.

Si les témoignages que je vous ai cités ne vous ont fait aucune impression, si vous cherchez seulement à prouver que tout ce qu'on a dit est faux, vous ne ferez rien, vous ne verrez rien

Je vous suppose donc, non pas convaincu, mais dans un état de doute, et désirant vous éclairer, désirant même que le moyen que je vous annonce d'être utile à vos semblables ne soit pas une chimère; et je vais vous donner les principes et vous en enseigner l'explication.

Le magnétisme exige

Volonté active vers le bien;

Croyance ferme en sa puissance;

Confiance entière en l'employant.

La volonté dépend de vous.

La croyance vous ne l'avez point encore, mais vous pouvez mettre votre âme dans l'état où elle seroit si vous croyez. Il vous suffit pour cela d'écarter les doutes, de désirer le succès, et d'agir avec simplicité et sans distraction. Vous produirez sûrement quelques effets, et les premiers effets que vous verrez réaliseront cette croyance et feront naître la confiance.

Oubliez momentanément toutes vos connoissances de physique et de métaphysique ; éloignez de votre esprit les objections qui pourroient se présenter ; ne songez qu'à faire du bien au malade que vous touchez. La foi dont on a tant parlé n'est point essentielle en elle-même : elle n'est point le principe de l'action du magnétisme ; elle est seulement nécessaire au magnétiseur, comme étant un motif qui le détermine à faire usage d'une faculté dont il est naturellement doué, et dont l'existence est indépendante de son opinion.

Quant à la volonté, gardez-vous de faire des efforts : si vous désirez faire du bien, la volonté aura assez d'énergie par elle-même. Soyez calme et patient : ne détournez point votre attention : pensez à ce que vous faites, sans vous inquiéter de ce qui en résultera. Imaginez qu'il est en votre pouvoir de prendre le mal avec la main et de le jeter de côté.

En choisissant des malades, vous éviterez de vous charger de ceux qui sont affectés de maladies nerveuses, et de ceux qui ont des maladies dégoûtantes ; car il faut être animé de beaucoup de zèle pour n'éprouver aucune répugnance à toucher ces derniers, et être déjà exercé à la pratique du magnétisme pour ne pas se trouver embarrassé avec les autres, s'il arrive qu'ils aient quelques crises nerveuses. Ne vous chargez pas non plus d'un malade attaqué d'affections chroniques très-graves, très-anciennes et très-compliquées, à moins que vous ne soyez sûr de pouvoir continuer à lui donner vos soins, dans le cas où le traitement devroit être prolongé plusieurs mois de suite.

S'il se présente un malade tout récemment atteint d'une maladie aiguë, touchez-le sans crainte : c'est dans ce cas que le magnétisme produit les effets les plus prompts et les plus remarquables. Mais gardez-vous bien de retarder pour cela les secours de la médecine : le succès étant incertain, vous vous exposeriez aux plus cruels regrets : essayez avant qu'on n'ait eu le temps de donner des remèdes, et vous jugerez aisément de la conduite que vous devez tenir.

Ne magnétisez point en présence de témoins, et surtout en présence de curieux : ayez seulement auprès de vous une personne qui prenne intérêt au malade et qui ne vous gêne point. Si vous magnétisez une mère, elle pourra avoir auprès d'elle sa fille ou son mari : une fille, sa mère ou son père ; un jeune homme, son frère ou son ami, etc. Mais excluez tout autre témoin, pour que votre attention ne soit pas détournée. Ayez soin aussi que la personne admise à la première séance soit la même qui assiste aux autres.

S'il arrive que vous obteniez des effets sensibles dès la première séance, ne vous pressez point de vous en faire rendre compte; ne faites pas beaucoup de questions, contentez-vous de voir et de continuer à agir.

Si vous produisez le sommeil, attendez que le malade s'éveille de lui-même, employez pendant demi-heure les procédés convenables pour diriger l'action, soit de la tête aux pieds, soit sur le siége de la douleur. Ensuite, pour ne pas vous fatiguer, contentez-vous de lui tenir les pouces, ou de poser la main sur ses genoux, en vous occupant de lui, sans aucune contention d'esprit.

Quand vous verrez le malade bien endormi, vous pourrez lui dire assez haut seulement pour être entendu : Dormez-vous? ou comment vous trouvez-vous? S'il ne s'éveille pas et ne vous entend point, vous le laisserez dormir, et vous répéterez la question un quart d'heure plus tard et un peu plus haut.

Si le malade vous répond sans s'éveiller, soit par signes, soit en parlant, alors il est probablement en somnambulisme. Vous lui demanderez simplement : Vous fais-je du bien ? Combien de temps voulez-vous dormir? Quand faudra-t-il vous magnétiser de nouveau ? Voyez-vous votre mal ?

Vous vous garderez bien de pousser les questions plus loin : c'en est assez pour la première fois. Vous reviendrez le lendemain à la même heure, ou à l'heure qui vous aura été indiquée, et vous prendrez toutes les précautions possibles pour que le malade ignore absolument ce qui s'est passé. Vous n'en direz même rien à vos amis : il faut attendre que vous ayez vu plusieurs effets avant de vous permettre d'en parler. Je traiterai plus bas de la direction des somnambules.

Si votre malade éprouve seulement de la chaleur ou du froid , ou la sensation du fluide qui coule sur lui comme de l'eau , ou l'engourdissement des pieds , ou l'assoupissement , vous laisserez agir la nature , et vous verrez si dans les séances suivantes ces effets ne prennent pas plus d'intensité.

Si par hasard le malade éprouvoit quelques crises nerveuses , car cela peut arriver dès la première fois , cherchez à les calmer en magnétisant doucement et à distance , en ayant la volonté , non d'augmenter les effets pour voir des phénomènes curieux , mais de soulager le malade. Descendez la main de la tête aux pieds , ce qui diminue la violence des crises , et surtout ne vous effrayez point, n'appelez personne, et ne contrariez pas la marche de la nature par des moyens étrangers. Soyez calme ; rappelez-vous les préceptes donnés par les magnétiseurs, et que l'interruption des crises peut souvent être dangereuse.

C'est parce que ces cas peuvent se présenter qu'il est utile, avant de magnétiser, d'avoir reçu quelques instructions. Les magnétiseurs sages peuvent vous en donner, et vous les aurez d'ailleurs trouvées dans les ouvrages de messieurs de Puységur et Tardy, et dans les relations des cures opérées à Strasbourg.

Je ne vous conseille point d'avoir recours à la chaîne, au baquet et autres moyens employés dans l'école de M. Mesmer : je crois que ces moyens accessoires ne sont pas nécessaires lorsqu'on ne traite qu'un ou deux malades. Dans certaines circonstances, j'ai vu de bons effets de la chaîne ; mais d'autres fois j'en ai vu les inconvéniens. Je ferai quelques observations à ce sujet en parlant des divers procédés. Vous pourriez cependant essayer de faire faire une chaîne, si vous étiez sûr de rassembler huit ou dix personnes de la campagne qui se livreroient à la confiance que vous leur auriez inspirée. Peut-être s'y produiroit-il quelques effets singuliers et inattendus ; mais ces phénomènes seroient bien plus difficiles à analyser et à constater que ceux que vous aurez obtenus en agissant seul et sur un seul individu.

Parmi les malades que vous aurez touchés, attachez-vous à celui qui vous aura paru le plus sensible au magnétisme, et suivez-le attentivement. S'il s'en trouve quelque autre que vous ne croyez pas devoir abandonner, vous pouvez suivre les deux en même temps, et sans les réunir.

Lorsque vous aurez ainsi passé six semaines à faire des expériences, ce qui suppose que vous aurez pu essayer jusqu'à douze malades, si vous n'avez obtenu aucun effet, et que vous ayez la certitude d'avoir agi de bonne foi, et en remplissant exactement les conditions que je vous ai prescrites, alors vous avez le droit de regarder tous les magnétiseurs comme des visionnaires.

Ce n'est pas qu'il ne soit possible de tenter douze expériences sans succès ; mais la chose est tellement hors de probabilité, que tout magnétiseur pensera comme moi que cette épreuve est plus que suffisante.

Au reste, il ne faut point essayer le magnétisme sur des individus bien portans ; car, parmi ceux-ci, les neuf dixièmes sont très-peu sensibles à l'action du magnétisme, ou même ne le sont pas du tout.

Si les personnes que vous magnétiserez n'éprouvent absolument rien après trois séances, vous pouvez les laisser pour essayer sur d'autres ; car il est plus ordinaire que les effets s'annoncent dans cet intervalle chez ceux qui en sont susceptibles.

Cependant, dans certaines maladies locales, l'action peut se faire sentir beaucoup plus tard, et être enfin curative.

Ainsi, dans le traitement que j'ai fait d'une glande au sein, j'ai vu la personne que je magnétisois n'éprouver d'abord aucun effet ; ce fut seulement le trentième jour qu'elle sentit une chaleur brûlante, suivie d'une inflammation locale. Cette crise dura trois jours, après lesquels la glande se trouva diminuée. De ce moment, le magnétisme continua de produire une chaleur très-vive, et la glande se fondit peu à peu : trois mois après, elle avoit entièrement disparu, et la personne qui en étoit affectée a joui depuis de la meilleure santé.

Vous exigez, me dira-t-on, que, pendant six semaines, on renonce à toutes ses habitudes, qu'on s'isole en quelque sorte du monde, qu'on sacrifie deux ou trois heures par jour à une occupation pénible pour examiner un phénomène que plusieurs hommes éclairés regardent comme une illusion ; vous voulez que, pendant ces six semaines, on domine son imagination au point de croire en même temps qu'on doute. N'y auroit-il pas un moyen plus simple et plus sûr? Il y a, selon vous, bien des gens qui se livrent encore à la pratique du magnétisme ; pourquoi ne demanderois-je pas à l'un d'entre eux de me montrer quelque fait extraordinaire et décisif? par exemple, un somnambule. Quand j'aurai vu ce fait, je serai convaincu ; je pourrai alors répéter les expériences ; et, d'après vos principes, la conviction que j'aurai acquise en rendra le succès plus facile et plus certain.

Je conviens que ce moyen est plus commode ; mais si vous voulez le prendre, voici ce qui vous arrivera :

1° Vous aurez peine à trouver un magnétiseur sage qui consente à vous faire voir un somnambule.

2° Vous trouverez difficilement des somnambules qui consentent à se laisser voir.

3° Il est très-possible que votre présence contrarie le somnambule, qu'il ne soit pas bien disposé, ou que, par toute autre cause, vous ne voyez presque rien de ce que vous désiriez voir.

4° En supposant qu'on vous montre un som-

nambule, et qu'il soit bien disposé, les phénomènes vous étonneront, mais ils ne vous con-
vaincront pas. Si même ce que vous verrez
vous persuade pour le moment, cette impression sera bientôt effacée : vous soupçon-
nerez peut-être que le magnétiseur a cherché à
vous amener à son opinion, que le somnambule
n'étoit pas endormi ; vous chercherez toutes les
explications possibles pour vous détromper d'une
prétendue illusion. Il ne suffit pas d'avoir vu
deux ou trois fois pour être fondé à croire : la
conviction ne peut résulter que d'une suite de
faits et de la concordance entre ces faits. Enfin,
lorsque vous raconterez ce qui vous a étonné,
on vous regardera comme un visionnaire, et
l'on vous citera tant d'exemples de gens d'esprit qui ont été dupes, que vous finirez par penser que vous avez pu l'être aussi. Ce soupçon
prendra bien plus de force, si le magnétiseur
auquel vous vous serez adressé se trouve être
un de ces enthousiastes qui s'exagèrent le merveilleux des effets ; vous trouverez qu'il ne tient
pas tout ce qu'il a promis, qu'il attribue à une
cause occulte ce qui peut s'expliquer naturellement ; vous ne serez frappé que des objections,
et votre confiance sera pour jamais détruite.

Si, au lieu de vous montrer le somnambulisme
on vous montre des effets plus simples, vous les

attribuerez , soit à l'imagination , soit au hasard , soit à la nature : et chaque réflexion que vous ferez détruira de plus en plus cette simplicité absolument nécessaire pour se rendre capable de bien voir.

Lors, au contraire, que vous aurez vous-même produit des effets pendant un mois de suite, vous aurez acquis la certitude de leur réalité ; si, par exemple, en magnétisant, vous obtenez simplement le sommeil, vous serez bien sûr que ce sommeil n'est pas, comme on le dit, un effet de l'ennui, puisque vous le produirez constamment de la même manière, et chaque fois dans un temps plus court. Vous saurez bien que vous n'avez pas agi sur l'imagination de vos malades, qu'ils n'ont aucun intérêt à vous tromper, qu'ils ne sont pas assez instruits des effets que produit presque toujours le magnétisme pour faire semblant de les éprouver. Si vous êtes assez heureux pour rencontrer le somnambulisme, vous pourrez vous assurer de la réalité de cet état par une foule d'observations ; et si vous agissez par votre volonté, il vous sera impossible de vous tromper sur la concordance des effets produits avec ceux que vous avez voulu produire. Si vous soulagez un malade , vous verrez si ce soulagement est la suite des procédés dont vous faites usage ; et il sera indifférent pour votre conviction que la guérison, si elle a lieu, soit due à la nature ou au magnétisme. Les moindres effets, par la gradation qu'on observe entre eux, deviennent des preuves pour celui qui agit lui-même. Par exemple, si vous magnétisez un homme de la campagne, et qu'en descendant la main de la tête aux pieds vous lui demandiez s'il sent quelque chose, il vous répondra d'abord qu'il ne sent rien du tout : au bout de quelque temps, une demi-heure peut-être, il vous dira, *Je sens votre main comme un fer chaud ;* peu après, *Je sens comme si de l'eau chaude couloit le long de mes jambes au-devant de votre main.* Vous êtes sûr qu'un homme de la campagne ignore absolument que cette sensation est une des plus ordinaires que produise le magnétisme, et qu'il ne l'imaginera point, si par vos questions vous ne la lui avez pas indiquée. On voit que je cite ici le moindre des effets : et cependant il est une preuve suffisante pour celui qui le produit fréquemment et de la même manière.

Il en est de même de plusieurs autres effets très-ordinaires, et qui ne sont rien pour un spectateur. Ainsi un homme que vous magnétisez vous dit qu'il a les yeux appesantis, qu'il y sent comme du sable, qu'il ne peut les ouvrir, qu'il a la tête chargée ; vous passez les mains le long des jambes , jusqu'à l'extrémité des pieds, et cet assoupissement cesse ; vous passez les doigts en travers, devant les yeux, et ils s'ouvrent sans peine : si votre malade ignore les procédés du magnétisme , il ne peut s'attendre à ce résultat. Toutes ces choses-là ne sont rien , rien du tout pour un spectateur. Le changement du pouls pendant le magnétisme m'a paru quelquefois surprendre les médecins; mais on peut l'attribuer au repos, ou à l'inquiétude , ou le croire accidentel : ce n'est que pour celui qui a observé ce changement un grand nombre de fois qu'il peut être mis au nombre des preuves. Enfin tous les phénomènes extraordinaires dont on nous rend témoins peuvent s'expliquer comme les tours des escamoteurs et des charlatans , et les ennemis du magnétisme les expliquent de cette manière : mais quand on magnétise soi-même , on est bien sûr des effets, on en voit la marche, on en apprécie les circonstances , et l'on ne sauroit se faire illusion sur la cause qui les produit. Le seul moyen de se convaincre infailliblement est donc de se résoudre à faire soi-même des expériences avec simplicité , avec abandon , et en silence.

Je vous ai dit que le séjour de la campagne étoit favorable au succès des expériences. Si vous êtes obligé de rester à la ville , alors ne faites l'essai du magnétisme que sur des personnes qui n'en ont pas entendu parler, qui ont de la confiance en vous, et qui ne sont pas d'un état assez supérieur au vôtre pour que vous soyez gêné avec elles. Si vous magnétisez quelqu'un qui vous observe, et dont l'opinion vous intéresse, la crainte de ne pas réussir troublera votre action, et il est probable que vous aurez peu de succès.

Evitez surtout de magnétiser des femmes qui ont seulement une incommodité légère, et des personnes qui veulent essayer du magnétisme par curiosité et pour savoir si elles sentiront quelque chose. Si vous magnétisez un de vos amis, il faut que ce soit pour lui rendre service, dans le cas où il le désire, et où il vous promet de n'en point parler, à moins que ce ne soit après sa guérison. En un mot, si quelque chose vous inspire de la crainte ou de l'impatience, vous n'agirez point, et de jour en jour vous deviendrez plus incapable d'agir.

Les médecins ont toutes les facilités possibles de faire des expériences, soit dans les hôpitaux, soit sur des malades isolés. Ils peuvent magnétiser sans qu'on s'en doute, sous prétexte d'étudier l'état du malade ou de faire quelques frictions. Ils sont bien sûrs de s'éclairer ; mais il faut qu'ils agissent avec simplicité, et qu'ils attendent d'avoir multiplié les essais avant de raisonner sur les effets qu'ils auront produits.

Je viens de donner les moyens de se convaincre. Ils sont infaillibles, ils sont à la portée de tout le monde : il suffit de suivre exactement la marche que j'ai tracée. J'ai demandé six semaines ; mais, si l'on veut sincèrement, si l'on est servi par les circonstances, il se peut qu'on parvienne à son but dès les premiers jours.

Il est des individus doués d'une grande force magnétique qui agissent instantanément sur d'autres individus très-susceptibles ou naturellement en rapport avec eux ; et l'on a vu des personnes qui n'avoient jamais magnétisé produire dès la première fois des effets très-remarquables : mais cela est rare ; et j'ai dû indiquer des conditions telles, qu'après les avoir remplies, on fût en droit de nier la réalité du magnétisme, si l'on n'avoit pas réussi.

Les personnes à qui les preuves que j'ai rassemblées auront inspiré de la confiance peuvent essayer le magnétisme dans l'intérieur de leur famille ; mais il faut attendre que l'occasion se présente, et ne point s'étonner de l'inutilité de quelques tentatives. Qu'on agisse avec simplicité, qu'on ne cherche ni à résoudre un problème, ni à voir des phénomènes singuliers, qu'on s'occupe uniquement à soulager des parens ou des amis malades , et tôt ou tard on sera récompensé de ses soins.

En indiquant les conditions nécessaires pour magnétiser, j'ai avancé, relativement à la subordination de la croyance , à la volonté , un principe sur lequel il me paroît utile d'insister. Ce principe, qui est la conséquence des faits, n'a été positivement énoncé par aucun de ceux qui ont écrit sur le magnétisme; et cette omission de leur part, en laissant dans la doctrine quelque chose de mystique, a donné lieu à de fortes objections, et a détourné plusieurs personnes de faire les expériences convenables pour s'éclairer.

On a présenté la croyance comme une qualité préliminaire ; on a même réduit les préceptes à ces deux mots, *croyez et veuillez*. Cela n'est pas exact.

D'abord, ce n'est pas *croyez et veuillez*, mais *veuillez et croyez* qu'il eût fallu dire. La volonté est indispensable , puisqu'on ne fait usage de ses facultés qu'autant qu'on le veut. Mais il y a mille exemples de gens qui ont produit des effets avant de croire. S'il en étoit autrement , un incrédule ne pourroit jamais se convaincre par sa propre expérience.

M. de Puységur nous apprend lui - même qu'après avoir suivi le cours dans lequel M. Mesmer avoit exposé sa doctrine à cent élèves, il ne croyoit point encore, et que la plupart de ses compagnons d'étude ne croyoient pas plus que lui (1). Cependant, dès qu'ils voulurent essayer, ils réussirent au-delà de leurs espérances.

Je sais bien que celui qui doute ne produit pas des effets aussi énergiques que s'il croyoit, parce que le doute détourne l'attention, et s'oppose à l'exercice naturel de la volonté, et parce que le soin qu'on prend pour examiner les résultats empêche de s'occuper uniquement des moyens nécessaires pour les obtenir. Mais, quand on agit du mieux qu'on peut, l'action est toujours assez sensible pour amener la conviction.

En dernière analyse, les préceptes sur le magnétisme peuvent se réduire à celui-ci :

Touchez attentivement des malades avec la volonté de leur faire du bien, et que cette volonté ne soit distraite par aucune autre idée (2).

Les discussions sur les moyens de se convaincre peuvent également se réduire à cette maxime :

Veuillez, et vous croirez.

Maintenant, en supposant qu'un homme soit convaincu, je vais lui indiquer la conduite qu'il doit tenir envers les incrédules; c'est une suite de ce que je viens de dire.

____

(1) Du Magnétisme animal, pag. 5o.

(2) Chez les magnétiseurs, le mot *toucher* s'emploie également pour désigner le contact et l'approche de la main à une petite distance.

Lorsque vous aurez vu des faits extraordinaires, si vous les racontez à ceux qui n'en ont pas vu d'analogues, ils ne vous croiront pas, et ils vous croiront d'autant moins que ces faits seront plus extraordinaires. Contentez-vous de dire simplement que vous êtes persuadé que le magnétisme a une action ; engagez quelques malades à en faire l'essai ; invitez ceux qui veulent s'éclairer et fixer leur opinion à magnétiser eux-mêmes ; instruisez-les des principes et des procédés, et dirigez-les dans la pratique. Au lieu de leur annoncer de grands effets, faites en sorte qu'ils voient beaucoup plus qu'ils n'espéroient voir.

Gardez-vous bien de montrer des somnambules aux gens qui ne croient pas : vous ne les convaincrez point par ce moyen, et vous vous exposerez aux plus grands désagrémens pour vous, et à beaucoup d'inconvéniens pour vos somnambules.

Si vous vous laissez entraîner par le désir de montrer des phénomènes étonnans, voici ce qui vous arrivera.

D'abord il est très-possible que le jour où vous aurez annoncé un phénomène toutes vos expériences manquent, 1° parce que votre somnambule se trouvera mal disposé ; 2° parce que le désir que vous aurez de produire des effets frappans détournera votre attention, et vous empêchera d'avoir cet abandon, cette simplicité, cette confiance nécessaire au succès ; 3° parce que votre somnambule peut être contrarié par la présence des étrangers ; 4° parce que la présence des malveillans, celle même des incrédules, trouble les somnambules, détourne le cours de leurs sensations et de leurs idées, irrite quelquefois leurs nerfs, et s'oppose presque toujours au succès des expériences ; 5° parce que vos spectateurs, ou du moins quelques-uns d'entre eux, ne sentant pas l'importance des conditions que vous exigez, ne les rempliront point, et se mettront dans l'impossibilité de bien voir, par les précautions mêmes qu'ils prendront pour mieux examiner.

Je suppose maintenant que les expériences réussissent. On cherchera à expliquer les effets par d'autres causes ; on doutera de la bonne foi de vos somnambules ; on attribuera bien des choses à leur imagination ; on vous croira dupe ; on pensera peut-être que, par la crainte d'être en défaut, vous cherchez à donner une apparence de merveilleux à des choses qui ne le sont point ; on ne dira pas précisément que vous voulez en imposer ; mais on dira que vous vous faites illusion, que vous êtes un enthousiaste ; on ne trouvera rien de surprenant dans les phénomènes qui vous étonnent ; on finira par vous plaindre , si l'on estime la gravité de votre caractère, et par se moquer de vous , si vous n'avez pas déjà inspiré beaucoup de considération.

Si, dans le nombre de ceux qui auront vu des effets, quelqu'un est convaincu, cette conviction ne sera pas de longue durée : on dira bientôt qu'on a vu des choses singulières auxquelles on ne conçoit rien, et l'on finira par ne plus y penser, et par regarder tout cela comme un spectacle amusant.

Un somnambule aura-t-il parlé d'une maladie, on trouvera dans ce qu'il a dit des erreurs d'anatomie ou de physiologie ; aura-t-il indiqué un remède , on dira que c'est un remède populaire; aura-t-il deviné quelque maladie , on dira que c'est par hasard ; aura-t-il obéi à un acte de volonté du magnétiseur, on dira que , si cela n'étoit pas convenu , c'est du moins qu'il a saisi son intention par le geste ou par quelques autres circonstances ; marchera-t-il , évitera-t-il les obstacles ayant les yeux fermés, on dira qu'il y voit, eût-il même un bandeau sur les yeux ; et si parmi les questions qu'on lui a faites il s'en trouve une sur dix à laquelle il ait mal répondu , cela suffira pour qu'on ne fasse aucune attention aux autres.

Les meilleurs somnambules sont bornés dans leurs facultés : ils ne voient distinctement que leur état, ils ne jugent que d'après les sensations qu'ils éprouvent, ils ne raisonnent bien qu'autant qu'ils ne portent leur attention que sur un petit nombre d'objets ; quand on les fatigue, ils se troublent et s'égarent. Lorsqu'ils s'aperçoivent qu'on les observe, lorsqu'on les presse de répondre, ils parlent sans avoir réfléchi, parce qu'ils ne sont pas exempts de vanité, et qu'ils ne veulent pas avoir l'air d'ignorer ce qu'on leur demande.

Suivez l'histoire du magnétisme, consultez les magnétiseurs expérimentés, et vous verrez qu'ils se sont toujours repentis d'avoir montré des phénomènes extraordinaires à des personnes qui n'étoient pas déjà convaincues.

Ce n'est point malveillance dans ceux qu'on a rendus témoins des faits; c'est qu'ils ont voulu faire leurs expériences sur les somnambules, comme ils les feroient sur l'aimant ou sur des machines électriques; tandis que les somnambules sont des êtres animés, d'une mobilité extrême, et que la plus légère contrariété peut désorganiser.

Les incrédules ont d'ailleurs raison de douter de ce qu'ils voient en passant. On s'exposeroit à adopter toute sorte de rêveries, si l'on ne prenoit les plus grandes précautions, si l'on n'apportoit la plus grande défiance dans l'examen des faits. *Il y a toujours plus à parier pour un mensonge que pour un miracle*, comme on l'a fort bien dit ; ainsi, quand on nous annonce un fait qui nous paroît miraculeux, nous n'avons pas tort de croire d'abord qu'il est faux.

Ajoutez que les hommes livrés à l'étude des sciences, et surtout ceux qui ont acquis une grande réputation, éprouvent de l'éloignement à examiner des faits qui leur paroissent contraires aux opinions reçues. Ils craignent de passer pour dupes et de se compromettre : cela ne les détourneroit pas de rendre témoignage à la vérité ; mais cela les rend extrêmement défians, et les empêche d'apporter, dans l'observation des phénomènes qui s'opposent à leurs idées, les dispositions nécessaires pour les bien voir. En général, les hommes instruits, les savans surtout, deviennent plus difficilement magnétiseurs ; une fois convaincus, ils sont les plus fermes apôtres de la vérité, et très-propres à la présenter dégagée de toutes les erreurs ; mais le premier pas est pour eux très-difficile, parce qu'il leur en coûte beaucoup de faire abstraction de leurs idées et d'écouter simplement la nature, au lieu de faire des efforts pour ramener les phénomènes aux lois de la physique. C'est pourquoi on trouve plus de magnétiseurs parmi les hommes médiocrement instruits que parmi ceux qui se sont élevés à de hautes connoissances. Ces derniers craignent d'ailleurs de perdre du temps ; et c'est avec peine qu'ils se déterminent à sacrifier quelques heures pour examiner ce qui leur est raconté par des hommes qui leur sont inférieurs en connoissances et en force de tête. Ce sont les gens simples , étrangers à tout esprit de système , d'un esprit droit et sans prétention, qui sont les plus disposés à adopter des vérités d'un ordre étranger à celles qu'ils connoissent déjà.

J'ai tracé la route par laquelle des individus isolés arriveront à fixer leur opinion sur le magnétisme ; je serois embarrassé si l'on me demandoit les moyens de convaincre de même une société savante. Ceci a besoin d'explication ; car il est loin de ma pensée de supposer qu'une telle société ne chercheroit pas la vérité de bonne foi.

Je suppose donc qu'une société savante nomme des commissaires pour examiner les effets du magnétisme ; je ne doute pas que ceux-ci, animés du désir de répondre à la confiance qu'on leur montre, ne fassent des efforts pour s'éclairer : mais qu'arrivera-t-il ? Au lieu d'agir avec confiance et simplicité , et de tenir note des effets pour les comparer les uns aux autres, ils chercheront à faire des expériences, à les varier de mille manières pour découvrir la cause d'une prétendue illusion; leur attention sera partagée, leur volonté sera sans énergie, et ils ne produiront, par cette raison, que des effets incertains qui augmenteront leurs doutes au lieu de les dissiper. D'ailleurs on ne se donne pas la foi. Celui qui cherche à voir pour lui - même a déjà un commencement de croyance, et cette disposition est favorable au succès. Ceux qui sont chargés de voir pour les autres pensent qu'il est essentiel de n'avoir d'abord ni croyance ni confiance, et qu'on ne doit se livrer à ses sentimens qu'après avoir vu des effets indubitables. Prévenus de cette idée, des hommes droits et honnêtes négligeront les conditions les plus nécessaires, et, en pratiquant les procédés du magnétisme, ils pourront bien ne rien voir du tout, ou du moins ne rien voir d'assez convaincant pour qu'ils osent le communiquer aux autres (1).

____

(1) Dans toute science dont la théorie n'est pas bien connue, on ne peut répondre du succès d'une expérience, parce qu'on ne peut être sûr que le défaut d'une condition qu'on ignore ne la fera pas manquer : d'où il suit qu'une expérience négative ne prouve rien. Je vais me faire mieux entendre par un exemple.

Je suppose que, lorsque Franklin fit en Amérique ses belles découvertes sur l'électricité, on ne s'en fût point encore occupé en Europe, et qu'un de ces hommes qui montrent des expériences de physique comme un spectacle eût apporté de Philadelphie une machine électrique, et en eût annoncé les effets; tous les curieux qui seroient allés chez lui auroient raconté des phénomènes si merveilleux que les savans n'auroient pas voulu y croire; mais enfin la chose auroit fait tant de bruit qu'on se seroit décidé à examiner.

De cela il résulte que la croyance au magnétisme ne peut se répandre de la même manière que celle à la vaccine en médecine, au galvanisme en physique ; il faut que la conviction générale soit amenée par celle d'une foule d'individus qui, successivement et en divers lieux, chercheront en silence à opérer le bien, et trouveront, dans la satisfaction qu'ils auront de l'avoir opéré, des motifs suffisans pour engager d'autres personnes à tenter les mêmes moyens.

Je suppose maintenant que des commissaires nommés par une société savante eussent demandé à notre physicien une séance particulière, et que celui-ci, quoique fort adroit à faire agir sa machine, eût ignoré le pouvoir qu'ont les pointes de soutirer le fluide électrique. Voilà nos savans réunis chez lui. Un d'eux se trouve par hasard avoir à la main un instrument de fer aiguisé en pointe, et le pose sur une table à quelques pouces du conducteur. Le physicien fait mouvoir le plateau ; il fait faire la chaine ; il essaie de charger la bouteille de Leyde, d'enflammer des substances combustibles, de faire sonner un carillon et danser de petites figures, etc : rien ne lui réussit ; les savans voient peut-être quelques effets, mais si foibles en comparaison de ceux qu'on leur avoit promis, qu'ils dédaignent d'en chercher la cause. Ils se retirent et laissent notre physicien au désespoir. Celui-ci recommence, et les effets ont lieu. Il ne sait qu'imaginer ; il soupçonne peut-être qu'il existe des individus dont la présence s'oppose aux propriétés de la machine, et je laisse à penser quel compte les savans rendront de la découverte, et combien il faudra de temps pour ramener les esprits.

Qu'on me pardonne ce petit apologue ; il est à peu près l'histoire de ce qui a dû se passer souvent chez ceux qui ont voulu montrer les phénomènes du magnétisme à des incrédules, et même de ce qui s'est passé lorsque les commissaires sont allés examiner le magnétisme chez M. d'Eslon.

CHAPITRE III.

Du Fluide magnétique et des moyens par lesquels le Magnétisme agit.

———

Selon M. Mesmer, le magnétisme est le mouvement imprimé au fluide universel, qui est le moyen d'une influence réciproque entre tous les corps de la nature.

L'existence d'un fluide qui remplit l'espace et qui pénétre les corps ne peut être révoquée en doute; mais on ne sait rien sur sa nature ni sur son action.

Est-il le même que la lumière? est-il unique et diversement modifié par les filières qu'il traverse? est-il composé de plusieurs fluides différens? L'électricité, le calorique, le magnétisme minéral, le fluide nerveux, etc., en sont-ils des modifications? Peut-il être accumulé, condensé, réfléchi? Est-il soumis à la loi de la pesanteur? Quel est son mouvement, et quelles causes dirigent ce mouvement? Nous ne le savons pas, et nous ne le saurons peut-être jamais.

Dans l'examen de la théorie de M. Mesmer, la question n'étoit donc pas s'il y a un fluide répandu dans toute la nature, mais s'il existe une modification de ce fluide, ou un fluide particulier, dont l'homme peut se rendre maître pour le diriger à son gré. M. Mesmer l'assuroit : mais il faut convenir qu'il n'en a pas donné des preuves suffisantes ; ces preuves ne pouvoient être établies que sur des faits ; et lorsqu'il publia sa découverte, ces faits n'étoient pas encore connus.

C'est aux somnambules magnétiques que nous devons toutes les notions que nous avons acquises sur ce fluide : on ignore toujours s'il est une modification du fluide universel ; mais on ne peut guère douter de son existence.

La plupart des somnambules voient un fluide lumineux et brillant environner leur magnétiseur, et sortir avec plus de force de sa tête et de ses mains. Ils reconnoissent que l'homme peut à volonté accumuler ce fluide, le diriger, et en imprégner diverses substances. Plusieurs le voient non-seulement pendant qu'ils sont en somnambulisme, mais encore quelques minutes après qu'on les a réveillés : il a pour eux une odeur qui leur est agréable, et il communique un goût particulier à l'eau et aux alimens.

Quelques personnes aperçoivent ce fluide lorsqu'on les magnétise, quoiqu'elles ne soient point en somnambulisme ; j'en ai même rencontré qui l'apercevoient en magnétisant : mais ces cas sont extrêmement rares.

La plupart des somnambules distinguent des qualités différentes dans le fluide des divers individus : ils prétendent qu'il est moins lumineux, plus épais, plus lent dans les personnes d'une mauvaise santé ; ils le regardent quelquefois comme très-malsain, et ils conseillent de s'en débarrasser, ou de s'en faire débarrasser par d'autres, après avoir magnétisé certains malades. Par la même raison, ils éprouvent beaucoup de répugnance à toucher un vêtement, ou un mouchoir qui a été porté par une personne attaquée d'une maladie interne, à cause du mauvais fluide dont ces objets sont imprégnés.

Ils croient que ce fluide peut être concentré dans un réservoir, qu'il existe dans les arbres, et que la volonté du magnétiseur, aidée d'un geste de la main plusieurs fois répété dans le même sens, le dirige et lui imprime un mouvement déterminé.

Il paroît aussi que l'action du magnétiseur, lorsqu'il magnétise un arbre, ou lorsqu'il fait faire une chaîne, met ce fluide en circulation, quelle qu'en soit la cause, à peu près comme une étincelle allume un amas de matières combustibles, et que le fluide que le magnétiseur accumule n'émane pas uniquement de lui.

Les baguettes d'acier ou de verre en cône allongé, dans la main du magnétiseur, servent de conducteur au fluide. Tous les corps ne sont pas également bons conducteurs ; il en est même qui communiquent une mauvaise qualité au fluide qui les traverse : tel est le cuivre.

Ce fluide n'est point le fluide électrique : ou si l'un et l'autre sont des modifications du fluide universel, ce sont des modifications totalement différentes ; car la plupart des somnambules ont de l'antipathie pour l'électricité.

Comme j'ai obtenu ces renseignemens de tous les somnambules que j'ai consultés, et que dans tous les pays les magnétiseurs en ont obtenu de semblables, je suis forcé d'admettre l'existence du fluide magnétique, et de reconnoître que nous avons des moyens de le communiquer, de l'accumuler et de le diriger ; ainsi je ne balancerai pas à employer le mot de *fluide* en parlant des procédés et de l'action du magnétisme. Si cependant quelques personnes vouloient attribuer cette action à une autre cause, cela n'empêcheroit pas que les procédés ne produisissent toujours les mêmes effets. Une théorie simple, et qu'aucun fait ne contrarie, est utile pour fixer les idées ; mais elle n'est pas nécessaire pour agir.

La plupart des personnes qu'on magnétise.

sentent une impression de chaleur ou de froid lorsqu'on passe la main devant elles sans toucher, et même au travers des habits ; et l'on ne peut guère douter que cette sensation ne soit produite par le passage du fluide.

Plusieurs expériences semblent prouver que le fluide magnétique est réfléchi par les glaces, ce qui indiqueroit quelque analogie avec la lumière : mais la propriété qu'il a de traverser les corps opaques démontre que cette analogie n'est pas exacte.

Quoiqu'il soit très-difficile d'expliquer comment le fluide magnétique peut agir d'un appartement à l'autre, la plupart des magnétiseurs en sont convaincus. J'ai moi-même fait des expériences qui tendent à le prouver. Cependant ce phénomène étant du nombre de ceux qui me paroissent inconcevables, j'invite les magnétiseurs à l'examiner de nouveau, et à ne le croire vrai qu'après avoir constaté par leur propre expérience les faits qui semblent l'établir.

Au reste, la lumière et le son se portent à de très-grandes distances, sans qu'on puisse concevoir dans le mobile qui les envoie une force assez grande pour les pousser rapidement même au travers des corps. Que la lumière soit une émanation des corps lumineux, ou un ébranlement imprimé à l'éther, il n'est pas plus aisé de comprendre comment l'éclat d'un charbon ou d'une bougie se fait apercevoir instantanément à une grande distance au travers des corps transparens, ni comment la lumière d'une étoile arrive jusqu'à nous.

Peut-être des phénomènes que nous refusons de croire parce que nous ne les avons point observés ne sont-ils pas plus incompréhensibles que d'autres qui ne nous étonnent point parce que nous les voyons tous les jours.

On objectera sans doute que l'existence du fluide magnétique, soit comme modification du fluide universel, soit comme fluide particulier, peut être reconnue sans qu'on ait droit d'en conclure que l'homme a la faculté d'imprimer à ce fluide une direction déterminée, et d'employer ainsi, pour agir sur ses semblables, une substance qui échappe à tous ses sens.

Je conviens qu'il est impossible d'établir par le raisonnement que l'homme est doué de cette faculté ; mais c'est une question de fait qui est résolue par l'expérience. Tous les magnétiseurs dirigent le fluide magnétique par leur volonté, aidée de quelques mouvemens : donc la volonté pousse le fluide. Quelle en est la raison ? je n'en sais rien du tout. C'est un fait primitif; et un fait primitif peut bien être observé, constaté ; il ne peut jamais être expliqué. Concevons - nous mieux comment un acte de notre volonté nous fait remuer notre bras? Comment une idée qui s'éveille dans notre esprit nous donne la force d'exécuter divers mouvemens ? Cela tient à la communication de l'âme avec le corps, phénomène que tous les physiologistes ont reconnu inexplicable.

Mais il y a une grande analogie entre ce phénomène et celui qui produit l'action du magnétisme ; et quoique je ne prétende pas que ce soit la même chose, je demande la permission de faire entendre cette analogie.

Lorsque j'ai la volonté d'exécuter une action, j'envoie à mes organes extérieurs la force nécessaire pour l'exécuter. Cette force part de mon cerveau, qui est l'organe de la pensée ; et c'est bien certainement ma volonté qui l'envoie, la modère et la dirige.

Je dis que j'envoie la quantité de force nécessaire, et ceci a besoin d'être éclairci.

Je suppose qu'on place devant moi deux vases couverts, et qu'on me demande de les enlever successivement, en m'avertissant que l'un est vide, et que l'autre est rempli de mercure ; je suppose encore qu'on se trompe en me désignant les deux vases, et qu'on m'indique comme vide celui qui est plein, voici ce qui arrivera.

En portant la main à l'anse du vase qui est plein et que je crois vide, j'ai jugé que ce vase pouvoit peser une livre, et j'ai envoyé de mon cerveau à ma main une force suffisante pour enlever ce poids. Aussi j'éprouve une résistance, je ne soulève point le vase, et je fais un second acte de volonté pour envoyer à mon bras la force nécessaire.

Si, au contraire, je porte d'abord la main au vase vide que je crois contenir du mercure, et dont j'ai évalué le poids à cinquante livres, j'envoie cinquante livres de force à ma main, et il se trouve que je soulève le vase à toute la hauteur à laquelle mon bras peut s'élever en lui imprimant une secousse, parce qu'il y a un excès de force de quarante-neuf livres.

Si j'ignore le poids des vases, je tâtonne, et je n'envoie que peu à peu la force nécessaire pour les enlever.

Il est donc clair que, par ma volonté, j'envoie de mon cerveau à mes mains une quantité de force plus ou moins grande. Cette force paroîtra très-considérable, si on fait attention que notre bras est un levier bien difficile à mouvoir. Elle est cependant limitée, et son intensité n'est pas la même dans les divers individus.

Lorsque je magnétise, je fais précisément la même chose : j'envoie par ma volonté le fluide à l'extrémité de mes mains, je lui imprime, par cette même volonté, une direction, et ce fluide communique son mouvement à celui du malade. Rien ne m'empêche de le lancer ; mais il peut se trouver dans l'individu sur lequel j'agis un obstacle aux effets que je veux produire : alors j'éprouve plus ou moins de résistance, comme lorsque j'emploie ma force à soulever un fardeau trop lourd. Cette résistance peut même être invincible.

Le fluide magnétique s'échappe continuellement de nous : il forme autour de notre corps une atmosphère qui, n'ayant point de courant déterminé, n'agit pas sensiblement sur les individus qui nous environnent ; mais lorsque notre volonté le pousse et le dirige, il se meut avec toute la force que nous lui imprimons : il est mû comme les rayons lumineux envoyés par les corps embrasés.

Le principe qui le met en action est dans notre âme comme celui qui envoie la force à notre bras, et il est de la même nature.

Ceci n'empêche pas que ce fluide ne puisse, comme celui de l'électricité et de l'aimant, être soumis à des lois d'attraction, de répulsion et d'affinité, qui ne nous sont pas connues. En traversant certains corps, il se charge de leurs émanations ; mais le poids de ces corps n'est pas diminué sensiblement, pas plus qu'il ne l'est par les émanations odorantes.

Les phénomènes observés dans le magnétisme paroissent dépendre de deux causes , savoir : l'action de la volonté, et celle du fluide, qui est l'instrument dont se sert la volonté.

Ce principe admis , tous ces phénomènes s'expliquent par une même loi.

Arrêtons-nous un moment à considérer les modifications de cette loi.

Nous avons dit qu'il falloit, pour magnétiser, volonté active vers le bien , croyance en sa puissance , confiance en l'employant.

Expliquons d'abord pourquoi la direction de la volonté vers le bien est une condition essentielle. Je ne sais si l'on peut vouloir le mal avec la même force que le bien : il est inutile d'examiner ici cette question ; il suffit d'observer que , si ma volonté tendoit au mal de celui sur qui je veux agir ,elle seroit repoussée par lui aussitôt qu'il en sentiroit l'action (1).

La croyance est nécessaire , parce que celui qui ne croit pas à la possibilité de produire un

---

(1) On a vu quelquefois des personnes qui , en magnétisant, pour faire une expérience , ou pour plaisanter, ont agi fortement sur d'autres personnes très-susceptibles ; mais le résultat de cette action a toujours été de porter le trouble dans le système nerveux.

effet ne sauroit employer naturellement et constamment sa force à le produire.

Le même raisonnement s'applique à la confiance : sans elle on se fatigue, et l'on agit foiblement.

Une volonté active suppose également une
attention soutenue ; car, sans attention, on ne
sauroit diriger constamment et uniformément sa
volonté vers le même but.

Disons maintenant un mot de l'instrument par
lequel la volonté agit, et de l'usage de cet instrument.

Quand on veut magnétiser, il est d'abord
nécessaire d'établir le rapport par le contact :
en voici la raison. Pour que le fluide qui part
de moi agisse sur celui de l'homme que je
magnétise, il faut que les deux fluides s'unis-
sent, qu'ils aient le même ton de mouvement.
Si je touche avec volonté et avec attention, et
que celui sur qui je veux agir soit dans un état
passif ou d'inaction, ce sera mon fluide qui dé-
terminera le mouvement du sien. Il se passe
alors quelque chose de semblable à ce qui a
lieu entre un fer aimanté et un qui ne l'est pas :
lorsqu'on passe plusieurs fois et dans le même
sens l'un sur l'autre, le premier communique
à l'autre son mouvement ou sa vertu. Ceci

n'est point une explication, mais une comparaison.

Le rapport est plus ou moins long à établir, selon qu'il y a naturellement plus ou moins d'analogie entre les deux fluides, selon que celui qui magnétise exerce son action sur un être qui est plus ou moins foible relativement à lui, et qui, par ses dispositions physiques et morales, lui oppose plus ou moins de résistance.

L'action ne se fait pas sentir sur un individu bien portant, parce qu'alors le fluide n'éprouve aucun obstacle dans sa circulation, et que la nature n'a pas besoin d'une surabondance de forces.

Les procédés tendent à porter le fluide sur telle ou telle partie ; et ce fluide agit d'autant plus, qu'il est porté sur un organe plus sensible. De là la différence des effets produits par les divers procédés ; de là aussi l'inconvénient de magnétiser sans avoir reçu aucune espèce d'instruction. Je reviendrai sur cet objet.

Les effets produits par le magnétisme sont uniquement dus à la nature, dont l'action se trouve renforcée , dans le magnétisé, par l'action du magnétiseur. Ces effets sont semblables à ceux qui ont lieu spontanément dans les crises de quelques maladies : ils en diffèrent seulement en ce qu'ils

ont soumis à une marche régulière. Ils ne parois-
ent pas toujours en rapport avec la cause qui les
roduit ; mais on sait que, sur les êtres organisés,
l suffit de la plus légère commotion pour opé-
er, dans certaines circonstances, les révolutions
es plus étonnantes.

Une fois que les nerfs sont abreuvés d'une
ertaine quantité de fluide, ils acquièrent une
usceptibilité dont nous n'avons aucune idée dans
état ordinaire.

Considérez l'individu magnétisé comme fai-
ant en quelque façon partie de son magnéti-
eur, et vous ne serez plus étonné que la vo-
onté de celui-ci agisse sur lui et détermine ses
ouvemens.

Voilà tout ce que je puis dire sur le principe
e l'action magnétique et sur l'influence de la
olonté.

Cette explication paroîtra peut-être hypothé-
ique. Je la propose en attendant mieux, parce
u'elle me semble propre à fixer les idées, et
u'elle est en accord avec les résultats connus
usqu'à présent. Je ne discuterai point les ob-
ections qu'on peut lui opposer ; ce seroit dé-
ourner l'attention de l'objet essentiel. Ceux
ui ve lent se convaincre qu'ils ont la faculté
e soulager leurs semblables, et s'instruire des

moyens d'exercer cette faculté , n'ont pas besoin
de théorie : il leur suffit d'observer les faits. Ils
ne magnétiseront pas long-temps sans s'apercevoir que les effets du magnétisme dépendent
de la force de leur volonté. Je vais maintenant
indiquer les procédés qui servent à diriger convenablement cette action.

CHAPITRE IV.

Des procédés employés dans le Magnétisme.

On distingue trois écoles relativement à la doctrine du magnétisme : celle de M. Mesmer, celle de M. de Puységur, et celle des spiritualistes. Ces trois écoles diffèrent pour la théorie et pour les procédés. On peut les comparer aux trois principales écoles de philosophie. Celle de M. Mesmer se fonde sur un système analogue à celui d'Épicure, tel qu'il est exposé dans les beaux vers de Lucrèce : celle des spiritualistes, qui a eu beaucoup de partisans à Lyon, en Prusse et en Allemagne, rappelle la philosophie platonicienne : celle de M. de Puységur est uniquement établie sur l'observation.

M. Mesmer admet l'existence d'un fluide universel, qui remplit l'espace, et qui est le moyen de communication entre tous les corps : il admet, comme Épicure, une matière subtile, des émanations, etc.

Les spiritualistes croient que tous les phénomènes sont produits par l'âme, et que l'action physique est presque inutile.

M. de Puységur reconnoît une action physique, dans laquelle l'âme intervient par la puissance de la volonté, et par des pratiques que l'expérience seule nous a fait connoître.

Ces trois écoles ne sont point ennemies ; elles ne sont pas même rivales, comme l'ont été les écoles de philosophie : dans toutes trois, malgré la diversité de la théorie et des procédés, on parvient au même résultat.

M. Mesmer, d'après sa théorie, a donné des principes qui font du magnétisme un art particulier : il voit dans le corps humain des pôles ; dans le fluide, des courans qu'on peut renforcer et diriger ; dans les maladies, un défaut d'harmonie ou un obstacle à la circulation du fluide ; dans les crises, un moyen de guérison : il croit que ce fluide peut être accumulé, concentré ; qu'il est réfléchi par les glaces, renforcé et propagé par le son ; et, d'après cette théorie, il soumet la pratique du magnétisme à des procédés réguliers, dont l'emploi exige une éducation préliminaire.

Les spiritualistes prétendent que tout dépend de la volonté : après avoir établi un rapport pour déterminer et fixer leur attention, ils croient n'avoir plus besoin de toucher. Ils agissent par la pensée, par l'intention, par la prière, etc.

M. de Puységur emploie l'attouchement : il

varie les procédés selon les circonstances ; il n'admet ni la théorie des pôles, ni celle de l'action des planètes : il reconnoît la puissance de la volonté ; mais il croit que, pour diriger l'action de cette volonté, il faut agir physiquement sur les malades, et même sur les parties malades (1).

On sent bien qu'il y a beaucoup de magnétiseurs qui, sans être spécialement attachés à l'une de ces écoles, prennent quelque chose de chacune d'elles : mais c'est dans les trois classes que je viens d'indiquer qu'on peut ranger tous ceux qui adoptent une théorie déterminée.

Je ne prétends point décider entre ces trois écoles; mais, s'il faut dire mon sentiment, j'avoue que je me range au nombre des disciples de M. de Puységur. La théorie de M. Mesmer est obscure ; elle me semble contraire aux principes reçus en physique, et je la crois sujette à beaucoup d'objections. Je consens qu'un fluide universel soit la cause des plus grands phénomènes de la nature, je consens qu'on assimile ce fluide à la lumière; mais, en admettant cette supposition, on n'en conçoit pas mieux comment

_____

(1) De ce que je viens de dire, il ne faut pas conclure que M. de Puységur ait voulu faire un système ; il n'y a jamais pensé. Il s'est contenté d'exposer successivement les opinions qui lui étoient suggérées par les faits ; et c'est uniquement d'après sa pratique et celle de ses élèves qu'on peut juger sa théorie.

7

l'homme a le pouvoir de diriger ce fluide et d'agir à de grandes distances ? Quel rapport peut-il y avoir entre l'influence réciproque des astres et l'influence de l'homme sur son semblable ? M. Mesmer établit des pôles dans le corps humain : soit ; mais il dit qu'on peut changer ces pôles à volonté : alors, comment reconnoît-on ces pôles ? s'ils ne sont pas fixes, n'est-ce pas comme s'il n'y en avoit point ?

Quant aux spiritualistes, je ne comprends pas leur théorie : elle me paroît tenir à une illusion ; et quoique je ne doute point de l'immatérialité de l'âme, je n'en pense pas moins que c'est seulement par des moyens physiques que nous pouvons agir sur les corps organisés.

Au reste, j'ai déjà dit que les magnétiseurs parvenoient à peu près au même résultat, quelle que fût leur théorie. M. Mesmer et les spiritualistes de Lyon ont également opéré des guérisons et fait des somnambules : mais je crois que M. Mesmer prescrit des procédés qui ne sont nullement nécessaires, et que le système des spiritualistes conduit à des erreurs ; tandis que, chez M. de Puységur, les procédés sont simples, et tout repose sur un premier fait, incompréhensible sans doute, mais établi par l'observation et l'expérience, et dont il est inutile de chercher l'explication.

Toutefois, en me rangeant au nombre des disciples de M. de Puységur, en reconnoissant la justesse de ses principes, je ne suis pas entièrement de son avis sur la manière la plus convenable de diriger l'action du magnétisme.

M. de Puységur ne paroît mettre aucune importance au choix des procédés; il pense qu'il suffit de toucher un malade ou de présenter sa main devant lui pour produire les effets les plus salutaires, et qu'on porte naturellement la main sur la partie qui souffre. Je sais de quel poids doit être l'opinion d'un homme qui a pratiqué le magnétisme pendant si long-temps et avec tant de succès; cependant il m'est impossible de la partager. J'ai pour moi ma propre expérience, les instructions de tous les somnambules que j'ai consultés, les avis donnés par les somnambules de Strasbourg, par ceux de M. Tardy, et même par plusieurs de ceux de M. de Puységur. Tous ont indiqué des procédés, qui étoient différens selon les circonstances. M. de Puységur craint qu'en donnant une théorie des procédés on ne fasse du magnétisme un art, et qu'on ne conduise à croire que ces procédés ont par eux-mêmes une efficacité indépendante de la volonté vers le bien. Ce seroit sans doute une erreur : mais de ce que les procédés sont une chose secondaire, un moyen de diriger un agent sans lequel ils ne produiroient rien, il ne s'ensuit pas qu'ils ne puissent avoir une influence particulière. M. de Puységur y a fait moins d'attention, parce qu'une grande habitude, devenue chez lui une sorte d'instinct, le dirige dans la pratique, et parce que l'influence de son intention est telle qu'elle l'emporte sur tout. Mais, en général, je pense que ceux qui magnétisent des malades sans obtenir le somnambulisme doivent mettre du choix dans les procédés dont ils font usage. Quand même une théorie des procédés ne serviroit qu'à fixer l'attention, elle seroit encore utile.

Les conseils que je vais donner sont donc le résultat de ma propre expérience et des faits que j'ai recueillis ; et si je me trompe, soit en admettant la théorie de M. de Puységur, soit en faisant à cette théorie quelques modifications, il n'en peut résulter aucun inconvénient dans la pratique.

Êtes-vous auprès d'un malade que vous voulez soulager, placez-vous vis-à-vis de lui, de manière que vos genoux et vos pieds touchent les siens. Prenez-lui les pouces, et restez dans cette situation jusqu'à ce que vous sentiez que vos pouces et les siens ont le même degré de chaleur (1).

____

(1) J'ignore pourquoi l'action du magnétisme se communique mieux par les pouces que de toute autre manière : c'est un fait connu par l'expérience.

Posez ensuite les mains sur ses épaules ; laissez-les-y deux ou trois minutes, et descendez le long des bras pour reprendre les pouces ; répétez cette manœuvre trois ou quatre fois. Ensuite posez vos deux mains sur l'estomac, de manière que vos pouces soient placés sur le plexus solaire, et les autres doigts sur les côtés. Lorsque vous sentirez une communication de chaleur, descendez les mains jusqu'aux genoux, ensuite replacez-les au-dessus de la tête, pour les ramener de nouveau jusqu'aux genoux, ou même jusqu'aux pieds, et continuez de la même manière, en ayant la précaution de détourner vos mains chaque fois que vous reviendrez vers la tête.

Cette précaution de ne jamais magnétiser de bas en haut, et d'écarter les mains avant de les ramener vers la tête, m'a paru être toujours essentielle dans les procédés.

Je dois expliquer ici quelques expressions dont se servent les magnétiseurs, et que j'emploierai moi-même. *Se mettre en rapport*, c'est toucher la première fois, et du consentement de celui qu'on touche (1) ; pour établir le rapport entre

---

(1) Je ne crois pas qu'il soit possible de se mettre en rapport avec quelqu'un qui ne le veut pas : d'où il suit qu'on ne peut magnétiser quelqu'un malgré lui. Mais lorsque le rapport étant bien établi, le somnambulisme a été produit facilement plusieurs jours de suite, il suffit pour le renouveler que le magnétiseur s'approche et qu'il

deux personnes, il suffit de les toucher en même temps l'une et l'autre. On donne le nom de *passe* à l'action de passer la main sur le corps ou sur une partie du corps. Lorsqu'on conduit les mains du sommet de la tête le long des bras jusqu'au bout des doigts, ou sur le corps jusqu'à l'extrémité des pieds, on appelle cette pratique *magnétiser à grands courans*. Je crois que le magnétisme à grands courans ne peut faire de mal; et c'est pourquoi je conseille de l'employer d'abord, en attendant que les circonstances indiquent l'utilité de quelque autre procédé.

Reprenons. Faites en sorte que vos passes soient distinctes les unes des autres. Au lieu d'aller jusqu'aux pieds, ce qui est gênant, vous pouvez vous arrêter aux genoux; mais, dans ce cas, il faut, avant de finir, faire plusieurs passes le long des jambes et des pieds. Touchez légèrement et avec lenteur, en passant la main à environ deux pouces de distance devant le visage, et en l'appliquant d'abord sur les habits. N'em-

exerce sa volonté. Si celui sur qui on a pris cette sorte d'ascendant résistoit à l'action, il la retarderoit sans l'empêcher, et il se feroit du mal. Le rapport s'affoiblit peu à peu, à mesure qu'on cesse de s'occuper de la personne qu'on avoit magnétisée. Il dure plus ou moins long-temps, selon qu'il est plus ou moins fort, plus ou moins ancien. La volonté du magnétiseur est quelquefois nécessaire pour le rompre.

ployez aucune force musculaire pour diriger l'action du magnétisme. Mettez dans vos mouvemens de l'aisance et de la souplesse. Votre main ne doit point être tendue ; il faut au contraire que vos doigts soient légèrement courbés, parce que c'est principalement par l'extrémité des doigts que le fluide s'échappe. Continuez à magnétiser pendant environ trois quarts d'heure. Comme il est indispensable que l'attention ne soit jamais détournée, une séance plus longue pourroit vous fatiguer. N'ayez jamais d'incertitude dans vos procédés ; ne vous inquiétez nullement des effets ; agissez avec confiance, avec abandon ; ne faites aucun effort d'attention ni de volonté ; livrez-vous uniquement au sentiment de la pitié, au désir de faire le bien. Si votre malade sent des douleurs dans une partie, tenez quelque temps la main sur cette partie, et descendez comme pour entraîner le mal. S'il a des douleurs de tête, vous les dissiperez souvent en descendant les mains de la tête aux pieds et en faisant des passes réitérées sur les jambes (1). En terminant la séance, vous

____

(1) On trouvera dans ce chapitre des choses que j'ai déjà dites, en parlant des moyens de se convaincre. Je crois devoir les répéter pour réunir dans un même article tout ce qui est relatif aux procédés.

aurez toujours soin d'étendre le magnétisme sur tout le corps pour établir l'équilibre.

J'ai conseillé d'employer d'abord le magnétisme à grands courans ; en voici la raison. Il arrive quelquefois que l'action concentrée sur l'estomac ou sur la tête est trop forte, et qu'elle peut troubler une crise de la nature. C'est surtout chez les femmes très-sensibles que cela peut arriver, et vous en verrez des exemples dans les journaux de M. Tardy. Je sais bien que ce genre de magnétisme produit des effets plus frappans ; mais il suffit qu'il puisse nuire dans certains cas pour qu'on ne doive l'employer qu'avec précaution. Quant aux hommes, je ne crois pas que l'application de la main sur l'estomac puisse leur nuire ; et l'on peut l'employer pour établir le rapport, et même pour charger le malade de la quantité de fluide dont il a besoin.

Une fois le rapport bien établi, l'attouchement n'est plus nécessaire. Souvent même l'action du magnétisme à distance est plus calmante et plus salutaire que celle qui est produite par l'attouchement immédiat. Un homme de ma connoissance fut dernièrement invité à toucher un jeune homme qui souffroit de violentes douleurs dans la tête et dans la poitrine : il lui tint pendant demi-heure les mains sur la tête et sur

l'estomac ; et, voyant qu'il augmentoit les souffrances, il cessa. Demi-heure après il voulut essayer de magnétiser sans toucher ; il présenta sa
main à quelques pouces de distance ; et comme
il produisoit encore des sensations douloureuses,
il s'éloigna jusqu'à la distance de deux pieds.
Alors le jeune homme cessa de souffrir, et cinq
minutes après il ferma les yeux et s'endormit
du sommeil magnétique.

La position que j'ai indiquée pour magnétiser
est la plus favorable à l'action ; elle l'est d'autant plus que le regard du magnétiseur produit
beaucoup d'effet, sinon le premier jour, du
moins après quelques séances. Mais cette position n'est pas toujours possible, et souvent elle
n'est pas convenable.

Ainsi on ne peut se mettre vis-à-vis d'un malade qui est au lit : on se place alors à côté, de
la manière la plus commode. On prend les
pouces, on met les mains sur les épaules, on
pose la main sur l'estomac, on la descend de
la tête aux pieds. On peut ne se servir que
d'une main, et l'on agit tout de même.

J'ai dit que la position vis-à-vis n'étoit pas
toujours convenable ; ainsi, lorsqu'on veut magnétiser une jeune femme, on éprouveroit de
l'embarras à se trouver placé vis-à-vis d'elle ;
on sent qu'elle-même en éprouveroit aussi. Dans

ce cas, on s'assied simplement à côté, on met les deux mains en opposition, l'une sur l'estomac, l'autre derrière le dos; on fait ensuite les passes uniquement de la main droite, ou bien en descendant les deux mains en opposition.

Dans la pratique du magnétisme, on ne sauroit prendre trop de précautions pour ne point blesser la décence, et pour éviter tout procédé qui pourroit alarmer la pudeur.

J'en ai dit assez sur les procédés généraux. On en apprendra davantage par la lecture des ouvrages de messieurs de Puységur et Tardy, et surtout par l'expérience.

Il est ensuite une foule de procédés particuliers qui sont applicables selon les circonstances. Mon expérience m'a appris que ces procédés ne sont point indifférens. Le magnétiseur les devine souvent par les sensations qu'éprouve le malade; quelquefois le malade les indique lui-même. Il seroit trop long d'en donner le détail; je vais cependant en exposer quelques-uns.

L'application de la main convient toujours sur une obstruction qu'on veut dissoudre; il n'y a jamais d'inconvénient dans ce cas à concentrer l'action sur l'organe obstrué. On présente souvent les doigts en pointe, et on tourne la main pour exciter un mouvement : on descend de temps en temps pour déterminer un courant vers le bas.

Dans le même cas, je veux dire dans celui des obstructions et des engorgemens, un procédé très-actif est celui de souffler chaud sur la partie malade. On met pour cela un mouchoir blanc au-dessus des habits, on pose sa bouche dessus, et on fait passer son haleine au travers. Cela produit une chaleur vive, qui d'abord est une simple chaleur mécanique, mais qui, lorsqu'elle devient magnétique, est bien plus active et plus pénétrante. Le même moyen réussit dans les maux d'estomac produits par atonie.

J'ai employé ce procédé dans le traitement des glandes au sein, en soufflant à travers un petit matelas de coton que je faisois placer sous la robe au-dessus de la glande. Les premiers jours, je ne produisis qu'une chaleur douce ; mais ensuite elle devint si vive, que la malade ne pouvoit la supporter que pendant quelques momens. *Vous me brûlez*, disoit-elle. Ce procédé est quelquefois trop actif ; mais on s'en aperçoit bien : d'ailleurs on ne l'emploie que dans les cas où on le juge nécessaire, parce qu'il est fatigant pour le magnétiseur.

Dans les migraines, j'ai observé qu'on faisoit quelquefois du mal en s'arrêtant sur la tête, et qu'on les guérissoit en posant les mains sur l'estomac, puis sur les genoux, et en faisant ensuite un grand nombre de passes sur les jambes jusqu'à l'extrémité des pieds.

Lorsque le sang se porte à la tête, ces passes, réitérées sur les jambes, sont un moyen de la dégager.

Si, en magnétisant, on a trop chargé la tête, on est sûr de la débarrasser en soufflant froid et de loin. Ce procédé réussit souvent encore dans le cas où il y a beaucoup de chaleur à la tête.

Si une douleur de tête est la suite d'un coup, on tient pendant assez long-temps la main sur la tête pour y concentrer l'action, et l'on descend ensuite plusieurs fois la main, pour attirer en bas le sang et les humeurs. Il faut agir d'autant plus fortement et plus long-temps, que le coup est plus ancien. Pour soulager ou guérir les maux d'yeux on pose un doigt sur la tempe, et on tourne les pouces sur les yeux. Ce procédé produit quelquefois dans l'œil une chaleur vive. Il seroit nuisible dans le cas d'inflammation.

Lorsque l'ordre de la circulation est dérangé chez les femmes, ou lorsqu'elles ont des coliques, on fait cesser ce désordre en tenant la main sur les genoux, et en faisant des passes le long des jambes. Cet effet a lieu très-promptement, lorsque le rapport est une fois établi. Dans le cas dont je viens de parler il faut éviter de poser long-temps la main sur l'estomac (1).

J'ai remarqué enfin que, lorsqu'il y a une douleur locale, produite par une suppression de transpiration, il est avantageux de tenir long-temps la main sur la partie souffrante, en descendant par intervalles, et s'arrêtant un peu aux jointures. Par exemple, il m'est arrivé vingt fois, en magnétisant quelqu'un qui avoit une douleur à l'épaule, de faire descendre la douleur peu à peu : elle s'arrêtoit aux articulations ; enfin, arrivée aux mains, elle se dissipoit totalement par une transpiration très-sensible. Cette transpiration aux mains, à la suite des passes le long des bras, est un effet très-ordinaire.

Quelques magnétiseurs emploient l'action de la tête pour fortifier celle des mains, en présen-

____

(1) J'ai magnétisé dernièrement une dame dont la santé étoit dérangée depuis trois mois. Après quatre séances, chacune d'une heure, elle se trouva guérie. Elle ne m'en avertit pas le même jour, et je continuai encore le lendemain de la même manière. Sept ou huit jours après, j'appris qu'elle avoit sur sa santé une inquiétude tout opposée. Je lui proposai de la magnétiser de nouveau ; elle me dit que non, parce que le remède avoit trop agi. Je l'assurai qu'elle n'avoit rien à craindre. Auparavant j'avois tenu long-temps la main sur les genoux en descendant le long des jambes. Cette fois je me contentai de poser la main sur l'estomac, et les symptômes qui l'alarmoient furent calmés dès le même jour. Je cite ce fait pour prouver que la différence des procédés peut en produire une très-grande dans l'action du magnétisme.

tant leur tête à l'estomac du malade, ou en l'appuyant sur la sienne ; mais ce procédé est fatigant.

On calme souvent des douleurs de reins en passant la main derrière le dos. Pour cela, on se place par côté : quelquefois aussi on passe les deux mains derrière le dos par-dessous les bras, et on attire jusqu'aux genoux. Ce moyen calme souvent des douleurs chez les femmes.

Je n'en dirai pas davantage sur les procédés particuliers qui s'exécutent seulement avec la main ; mais j'ai quelques avis généraux à donner sur l'emploi du magnétisme : ces avis sont d'une grande importance. Je dois y joindre aussi quelques observations sur les moyens accessoires qui peuvent aider l'action du magnétisme.

Lorsqu'on magnétise, si l'on obtient une crise quelconque, il ne faut jamais l'interrompre, parce qu'une crise interrompue peut faire le plus grand mal. Si le malade s'est endormi, il faut attendre qu'il s'éveille, et ne point le laisser toucher par ceux qu'on n'a pas mis en rapport avec lui (1).

____

(1) Si une personne qui n'est point en rapport éveille brusquement quelqu'un qui dort du sommeil magnétique, elle peut lui causer des convulsions dont les accès se renouvellent pendant plusieurs jours. Cet accident, auquel on s'expose lorsqu'on consent à magnétiser devant des incrédules, est d'autant plus dangereux que

Souvent les magnétiseurs peu exercés font des
efforts de volonté : ils chargent fortement la tête
et l'estomac pour produire plus d'effet ; ils étour-
dissent ainsi le malade. Ces moyens doivent être
soigneusement évités. Il faut magnétiser avec patience, avec calme, avec un mouvement uniforme, et laisser agir la nature.

Il faut, autant qu'il est possible, que les séances
qu'on donne aux malades aient lieu à la même
heure.

Lorsqu'on s'est aperçu que le magnétisme a
une action bien décidée, il convient de ne pas
interrompre le traitement sans précaution, et
de ne rien faire qui puisse le contrarier. Le magnétiseur et le magnétisé doivent éviter, pendant la durée du traitement, tout ce qui peut
causer des émotions vives et déranger la marche
paisible de la nature ; en un mot, tout ce qui
peut troubler la paix de l'âme et produire un
ébranlement dans le système nerveux.

Lorsqu'on a été assez heureux pour obtenir
le somnambulisme, on n'a plus aucun embarras
sur les procédés ; mais on a d'autres précautions
à prendre. Je parlerai plus bas de ces précau-

---

ceux même qui nioient que le magnétisme eût produit le sommeil,
attribuent les convulsions au magnétisme et non à leur imprudence, et s'empressent d'écarter le magnétiseur, qui seul pourroit
les calmer.

tions, la conduite des somnambules devant être l'objet d'un article à part.

Je vais maintenant faire connoître les diverses pratiques par lesquelles on renforce l'action du magnétisme.

Dans ses premiers traitemens, M. Mesmer faisoit beaucoup d'usage de la chaîne, du baquet, des arbres magnétisés, et de la musique. Je dois dire mon opinion sur ces trois moyens auxiliaires. M. Mesmer n'est pas le seul qui les ait employés; ils ont été quelquefois mis en usage dans l'école de M. de Puységur.

Ces moyens ne sont point sans efficacité; mais ils ont des inconvéniens : il ne faut y avoir recours que lorsqu'on a plusieurs malades à traiter à la fois. Quand un magnétiseur n'est chargé que d'un seul malade, il n'en a nul besoin ; sa force lui suffit, et, se trouvant seul, il en dirige mieux l'action.

Expliquons d'abord ce que c'est que la chaîne, et montrons-en les avantages et les inconvéniens.

Lorsque plusieurs malades sont réunis dans un même lieu avec des personnes toutes bien intentionnées, toutes bien disposées en faveur du magnétisme, on fait ranger ces personnes en cercle, de manière qu'elles se touchent par les genoux et par les pieds. Elles se tiennent ensuite mutuellement par les pouces : plusieurs magnétiseurs les engagent même à serrer le pouce de leur voisin à gauche, lorsque leur voisin à droite a fait le même mouvement; ce qui établit une mesure et fixe l'attention. Le magnétiseur se place d'abord à la chaîne avec les autres : s'il y a plusieurs magnétiseurs, un d'eux doit être le chef, et tous les autres doivent lui être subordonnés. Au bout d'un quart d'heure le magnétisme est en circulation, le mouvement du fluide s'accélère ; tous les malades sentent l'action du magnétisme, tous éprouvent des effets : souvent même quelques effets se font sentir à ceux qui ne sont pas malades. Alors le chef du traitement se détache de la chaîne, qui se resserre, et il magnétise successivement tous ceux qui la composent; il s'attache ensuite au malade qui a le plus besoin de lui, et il charge les autres magnétiseurs de diriger le fluide sur ceux qui leur sont confiés. Cette réunion de plusieurs personnes augmente beaucoup l'action du magnétisme, et cette action continue lorsque le magnétiseur se repose. Plusieurs incommodités légères se guérissent par la chaîne sans aucun autre secours : et la quantité de fluide dont s'abreuvent les malades les dispose quelquefois à devenir somnambules. S'il est essentiel de n'admettre à la chaîne que des personnes qui ont de la confiance au magnétisme, il ne l'est pas moins de ne jamais détourner l'attention du but qu'on se propose.

Je crois devoir citer ici une anecdote qui prouve que des moyens indifférens en eux-mêmes peuvent dans certaines circonstances produire de bons effets.

Je magnétisois dans une petite ville une femme qui, depuis sept ans, souffroit des douleurs affreuses : je n'entrerai dans aucun détail sur ce traitement, et sur le succès que j'eus le bonheur d'obtenir. Je veux seulement parler de la pratique que je suivis.

Lorsque j'allois la trouver à sept heures du soir, des hommes et des femmes qui venoient de faire leur journée, soit à la campagne, soit à la ville, se réunissoient chez elle : ils étoient ordinairement dix ou douze, et tous lui portoient intérêt. Quand ils avoient formé la chaîne, je leur disois : mes amis, priez Dieu pour la malade ; alors ils se mettoient à dire le chapelet : cette prière produisoit une réunion d'intention qui étoit suivie des meilleurs effets. Plusieurs fois j'ai vu quelqu'un de la chaîne cesser de répondre et s'endormir ; et dans ce cas j'ai toujours reconnu que ce sommeil étoit la suite d'une indisposition.

Je ne méprise aucune pratique religieuse ;

mais je crois devoir me dispenser de répondre aux mauvais plaisans qui pourroient croire que j'imaginois que le chapelet étoit un moyen de guérison.

J'ai exposé les avantages de la chaîne ; en voici les inconvéniens.

Il est difficile, surtout dans les villes, de composer une chaîne de gens qui soient uniquement occupés de se guérir eux-mêmes ou de guérir les autres : et les incrédules, les personnes qui cherchent à critiquer, surtout les gens mal intentionnés, troublent les effets. Il est difficile aussi d'obtenir qu'on garde le silence, ou qu'on s'entretienne uniquement de l'état des malades et des moyens de les soulager. Parmi les personnes qui se présentent, il peut s'en trouver qui aient des maux qui se communiquent, et je crois qu'il seroit imprudent de les admettre à la chaîne. Il faut donc connoître d'avance ceux qu'on y admet.

Si parmi les personnes qui forment la chaîne il s'en trouve quelqu'une d'assez sensible pour que l'action du magnétisme produise chez elle des crises de nerfs, ces crises inquiéteront les autres malades : elles peuvent même être contagieuses. Aussi lorsqu'on aperçoit de tels effets, il faut à l'instant retirer le malade de la chaîne, pour le calmer à part. Il eût mieux valu ne pas s'exposer au dérangement que cela cause.

Le baquet est un moyen du même genre que la chaîne (1). On ne peut douter que le fluide ne s'y concentre, et que, lorsqu'il y est concentré, on ne le dirige à l'aide des conducteurs. La vertu communiquée au baquet se fait sentir en l'absence du magnétiseur ; elle s'entretient et se renouvelle à peu près comme la vertu de l'aimant. La réunion de plusieurs malades autour du baquet a les mêmes avantages et les mêmes inconvéniens que la réunion à la chaîne. Il y a cependant quelques différences. La chaîne est plus efficace à cause de la réunion d'intention : le baquet présente moins de dangers pour la communication des maladies, parce que les malades ne se touchent pas immédiatement. Un petit baquet ou réservoir magnétique peut être employé dans les traitemens isolés pour un malade seul. Il agit souvent lorsque le malade est déjà saturé de fluide.

Les arbres magnétisés sont préférables au baquet : on ne peut disconvenir que de tous les moyens employés pour renforcer l'action du magnétisme, c'est le plus puissant et le plus sa-

____

(1) Tout le monde sait qu'on donnoit le nom de baquet à une caisse de bois ronde, contenant du verre pilé, de la limaille de fer, et des bouteilles remplies d'eau magnétisée, rangées symétriquement. Cette caisse étoit garnie de conducteurs mobiles pour diriger le fluide.

lutaire; non qu'il soit prouvé que les arbres aient par eux-mêmes quelque vertu, mais parce que plusieurs personnes se réunissant à l'entour et en plein air, elles mettent en circulation une grande quantité de fluide, qui prend la direction et le ton de mouvement que le magnétiseur a imprimés à celui de l'arbre. C'est sous des arbres qu'on a vu les effets les plus étonnans à Busancy, à Beaubourg, à Baïonne, etc. Malheureusement ce moyen, qui est apparent, ne pourra guère être employé que lorsque la croyance au magnétisme sera devenue générale, et ce temps est peut-être bien éloigné. Au reste, on ne peut faire usage des arbres magnétisés que dans la belle saison, et lorsque le temps est beau : leur emploi exige également quelques-unes des précautions dont j'ai parlé pour la chaîne.

La musique fut employée par M. Mesmer pour mettre ses malades dans un état de calme, pour leur donner des sensations agréables, et pour les disposer ainsi à recevoir l'action du magnétisme. Elle contribuoit d'ailleurs à établir dans l'assemblée une uniformité de mouvement, et à soutenir l'attention. Je ne sais jusqu'à quel point elle peut agir comme conducteur du magnétisme ; mais il n'y a aucun doute que le chant du magnétiseur, ou le son d'un instrument à vent dont il joue lui-même ne produise de l'effet. Au reste, ce moyen agit sur les nerfs ; et dans mon système particulier, tout ce qui agit sur les nerfs, même de la manière la plus douce, ne doit être employé qu'avec beaucoup de précautions.

D'après ce que je viens de dire, on voit qu'on peut s'aider des secours qu'offrent la chaîne, le baquet, et les arbres magnétisés ; mais qu'il ne faut les employer que lorsqu'on a plusieurs malades à traiter à la fois, et lorsqu'on se trouve dans des circonstances favorables.

Dans l'école de M. Mesmer on se servoit de baguettes de fer ou de verre, dont il faut dire un mot. Ces baguettes, longues d'environ un pied, bien polies et arrondies par les deux bouts, ont un demi-pouce de diamètre du côté qu'on tient dans la main, et se terminent en pointe mousse d'une ligne et demie de diamètre à l'autre extrémité. Elles peuvent servir à diriger le fluide dont elles réunissent les rayons ; mais elles ne sont pas nécessaires ; les doigts en pointe produisent à peu près le même effet. Monsieur de Puységur n'en fait point usage : elles ont l'inconvénient de présenter aux yeux de ceux qu'on magnétise quelque chose de singulier dans les procédés, ce qu'il faut toujours éviter. Je m'en étois servi d'abord, et j'ai cru devoir y renoncer. Il paroît, d'après plusieurs expériences, qu'une bouteille magnétisée qu'on tient dans la main par la base, pour en présenter le bout au malade, renforce également l'action.

Il est d'autres moyens d'employer le magnétisme qui produisent beaucoup d'effet et dont l'utilité est reconnue par tous les magnétiseurs, sans aucune exception. Il ne faut jamais les négliger, et je vais les exposer, quoique je ne puisse expliquer comment ils agissent.

J'ai dit que le magnétiseur pouvoit accumuler le fluide magnétique dans les corps qu'il touchoit ; il est certain que divers corps s'en chargent plus ou moins. Celui qui s'en charge le plus c'est l'eau ; et il faut toujours faire boire de l'eau magnétisée aux malades qu'on traite par le magnétisme.

Cette eau produit des effets surprenans : j'ai vu plus de vingt fois de suite une malade être purgée sept ou huit fois dans la journée, sans aucune colique, en buvant une bouteille d'eau magnétisée ; et je me suis assuré, par des expériences comparatives, que c'étoit l'eau magnétisée qui produisoit cet effet.

On juge bien qu'elle ne purgeoit ainsi que parce qu'elle facilitoit une crise à laquelle la nature étoit disposée, et qui étoit nécessaire. La même eau auroit produit un effet opposé en fortifiant l'estomac et en donnant du ton aux intestins, si la malade avoit eu du relâchement. Ce n'est point que cette eau puisse être rendue à volonté tonique ou rafraîchissante, ou astringente, ou purgative : si les magnétiseurs disoient de telles absurdités, on auroit raison de se moquer d'eux.

L'eau magnétisée a cet avantage qu'elle ne peut faire de mal, qu'elle passe facilement, et que les malades la boivent avec plaisir.

Ordinairement cette eau n'agit que sur des malades qui ont été magnétisés pendant quelques jours, et qui sont déjà pénétrés du fluide. Souvent ils lui trouvent un goût particulier, et qui leur est agréable. J'ai vu l'eau magnétisée agir d'une manière très-sensible sur des personnes qui avoient été seulement une fois à la chaîne; d'autres l'ont vu aussi, mais cela est rare.

Le fluide magnétique communique souvent aux substances alimentaires et aux remèdes une qualité qu'ils n'avoient point. Ainsi il y a plusieurs exemples de personnes qui ne pouvoient supporter le lait, et chez qui il a bien passé lorsqu'on l'a magnétisé.

Je vais dire un mot de la manière de magnétiser l'eau, parce que j'ai été embarrassé sur ce point avant d'avoir eu des instructions de mes somnambules.

Pour magnétiser une bouteille d'eau, il suffit de la tenir d'une main et de passer l'autre main dessus de haut en bas et toujours dans le même sens pendant deux ou trois minutes. On peut aussi poser la bouteille sur le genou, appuyer sa tête dessus et la magnétiser des deux mains. Cela fait, on l'élève en la tenant par le goulot, et de l'autre main on réunit le fluide vers la base. Pour magnétiser un verre d'eau, il suffit de le tenir dans une main, et de porter au-dessus l'autre main, en rapprochant les doigts une douzaine de fois de suite, comme pour y faire entrer le fluide. L'haleine envoyée dessus deux ou trois fois achève de la charger ; mais ce procédé n'est pas nécessaire. Pour que le fluide pénètre l'eau, c'est toujours avec attention et volonté qu'il faut le lancer. L'eau ne peut prendre qu'une certaine quantité de fluide ; lorsqu'elle en est saturée, elle n'en reçoit plus.

Voici comment je me suis assuré de ce fait. Une somnambule, me voyant magnétiser une bouteille d'eau, me dit au bout de deux ou trois minutes, « Que faites-vous là ? Ne voyez-vous pas que la bouteille n'en prend plus. » Cette eau lui paroissoit lumineuse tant qu'elle étoit en somnambulisme ; lorsqu'elle étoit éveillée, elle lui trouvoit un montant agréable, qu'elle comparoit à celui du vin de Champagne.

Voici qui est plus singulier, mais qui n'est pas moins certain. D'autres corps peuvent être chargés de fluide assez pour renouveler les effets que produiroit la main du magnétiseur. Je crois que le corps qui a le plus cette propriété c'est le verre. J'ai vu des personnes que je magnétisois, et qui avoient des crises de douleur, les calmer à l'instant, en appliquant sur la partie souffrante une plaque de verre épaisse que j'avois bien magnétisée et que j'avois enveloppée d'un linge. J'ai répété cette observation assez souvent pour n'avoir aucun doute.

De toutes les expériences que j'ai faites en ce genre, voici celle¹ dont le résultat m'a le plus étonné. Une malade avoit toute la nuit un froid aux pieds qui l'empêchoit de dormir ; j'imaginai de mettre à ses pieds, dans son lit, une bouteille pleine d'eau et bien magnétisée : au bout d'une heure, cette bouteille produisit beaucoup de chaleur et une transpiration très-abondante aux pieds.

Ce moyen me réussit plusieurs fois. Mais il ne faut pas en conclure qu'il doit réussir dans tous les cas. Je l'ai essayé sur d'autres malades, et la bouteille a augmenté le froid, comme elle auroit dû le faire si elle n'avoit pas été magnétisée.

Je dois dire encore un mot du procédé que

j'emploie pour magnétiser des plaques de verre et d'autres corps semblables. Je les entoure des deux mains entre le pouce et l'index, ensuite je rapproche ces deux doigts, et lorsqu'ils sont réunis je les ramène vers le centre, et je répète de dix à trente fois cette passe, selon que le corps est plus ou moins volumineux. Ce procédé ne vaut peut-être pas mieux qu'un autre. Il tient à la théorie des pôles ; il étoit en usage dans l'école de M. Mesmer ; et je l'avois adopté lorsque j'appris à magnétiser. Je n'en ai pas essayé d'autre depuis, parce qu'il m'a toujours réussi.

On magnétise de même un baquet, en le chargeant de fluide, et en y établissant un courant, par des mouvemens répétés toujours dans la même direction.

On magnétise un arbre en le touchant d'abord, puis en s'éloignant de quelques pas, et dirigeant sur lui le fluide, des branches vers le tronc, et du tronc vers les racines.

Au reste, de quelque manière qu'on lance le fluide sur un corps, on parvient toujours à l'en charger.

Le beau temps, le temps vif et serein est plus favorable au magnétisme que le temps nébuleux et froid. Le magnétisme a plus de force lorsque le soleil est sur l'horizon ; il en a bien plus en été qu'en hiver. Le magnétiseur renouvelle son fluide et le purifie en se promenant au grand air et au soleil. Je ne crois cependant pas qu'il y ait un moyen de se charger de fluide à volonté, du moins je n'ai jamais connu ce moyen, et je n'en ai jamais senti le besoin.

J'ai déjà averti que le temps orageux et chargé d'électricité est contraire au magnétisme ; ainsi il faut éviter de magnétiser dans les temps d'orage. Toutes les personnes que j'ai endormies dans ces circonstances se plaignoient à leur réveil d'avoir un goût de soufre dans la bouche.

J'ai dit que plusieurs somnambules prétendoient qu'en magnétisant quelqu'un de très-malade on s'imprégnoit d'un mauvais fluide, et qu'ils conseilloient de s'en faire débarrasser. Le moyen qu'on emploie pour cela consiste à se faire passer une douzaine de fois les mains sur les bras par un autre magnétiseur, qui secoue les doigts après chaque passe. Je doute que cela soit nécessaire ; mais il n'en coûte rien de prendre cette précaution. Quand je magnétise, j'ai l'habitude de secouer ainsi les doigts, et de passer de temps en temps mes mains l'une sur l'autre, comme pour enlever le fluide étranger dont je pourrois m'être chargé. J'ignore cependant si cela est vraiment utile.

Je n'ai pas besoin d'avertir que, pour bien magnétiser, il faut se mettre, autant qu'on le peut, dans une position commode, et n'avoir ni trop chaud ni trop froid. Quand on a froid, on agit difficilement ; quand on a trop chaud, on se fatigue (1).

Lorsqu'on veut se faire suppléer par un autre magnétiseur, il convient de prendre des précautions. Il faut d'abord le bien magnétiser, pour se mettre en rapport avec lui. Il faut ensuite essayer s'il fait du bien au malade ; car souvent un malade, accoutumé au fluide d'une personne, est incommodé par le fluide d'une autre qui n'a point d'analogie avec le premier. Certains magnétiseurs peuvent se suppléer, d'autres ne le peuvent pas.

Lorsqu'on supplée un magnétiseur seulement pour quelques séances, il faut agir d'après sa méthode et ses principes, et se regarder comme l'instrument de sa volonté.

______

(1) Il est prouvé, par plusieurs expériences, que le fluide magnétique est diversement modifié par les substances qu'il traverse. On prétend que certaines substances opposent un obstacle à son passage, et que la soie est de ce nombre. Je suis sûr qu'un vêtement de soie ne sauroit empêcher l'action, et qu'il n'isoleroit pas du magnétisme comme il isole de l'électricité. Mais s'il est vrai qu'il puisse diminuer les effets, il faut l'éviter. Je conseille donc aux magnétiseurs d'engager leurs malades à ne pas porter des vêtemens de soie pendant la séance du magnétisme.

CHAPITRE V.

De la différence de force entre les magnétiseurs.

———

Ceux qui ont été en relation avec un grand nombre de magnétiseurs ne peuvent douter qu'il n'y ait des individus doués de la faculté de magnétiser à un degré bien supérieur aux autres. On trouvera peu de magnétiseurs comme M. Mesmer, messieurs de Puységur, le père Hervier ; mais je ne sais s'il existe des hommes entièrement privés de cette faculté. M. Mesmer a dit qu'il en avoit rencontré, quoique très-rarement, qui non-seulement étoient dans ce cas, mais dont la présence détruisoit les effets. Je ne conçois point ce qu'il entendoit par cette qualité négative : je ne crois pas que son observation soit exacte ; je puis du moins assurer que personne de ma connoissance n'a jamais rencontré aucun de ces individus. Je suis d'autant plus surpris que M. Mesmer ait avancé cette opinion, qu'il devoit prévoir qu'on la regarderoit comme destinée à lui servir d'excuse dans le cas où ses expériences ne réussiroient pas.

Il n'en est pas moins vrai qu'il y a une énorme

différence entre les magnétiseurs ; que quelques-uns ont fréquemment produit le somnambulisme, tandis que d'autres ont fait un grand nombre d'essais sans obtenir ce phénomène ; que les somnambules auxquels on présente divers magnétiseurs reconnoissent en eux différens degrés de force, qu'il en est même par qui ils ne voulroient pas être touchés, parce qu'ils redoutent la violence de leur action.

Il faudroit que la théorie du magnétisme fût mieux connue pour qu'on pût rendre raison de cette différence de puissance qui existe certainement entre les magnétiseurs. Je ne puis présenter sur cet objet que des conjectures ; elles sont le résultat de mon expérience et de mes réflexions, et elles me paroissent se lier aux principes que j'ai établis, en parlant des moyens par lesquels le magnétisme agit.

Je crois que les causes de cette différence viennent,

1° De la force de la volonté ;

2° De la capacité d'attention ;

3° De la direction de la volonté ;

4° De la croyance ;

5° De la confiance en sa puissance, qui est une suite de la croyance ;

6° De la bienveillance et de l'intention ;

7° De la constitution physique et de la santé.

Reprenons :

1° Pour avoir une volonté énergique, il ne suffit pas de se dire à soi-même *je veux*, il faut que cette volonté parte naturellement de l'âme ; qu'elle naisse d'un vif désir du succès, qu'elle ne soit troublée par aucun obstacle ;

2° Il faut que l'attention soit exempte de contrainte et d'efforts ; qu'elle ne soit distraite par rien, et qu'elle ne cause point de fatigue ;

3° La direction de la volonté doit être constante, uniforme, tranquille. Il faut que dans cette direction il n'y ait jamais rien de vague et d'incertain ; qu'on ne cherche point à produire des phénomènes curieux, mais seulement à faire le bien, en secondant les efforts de la nature ;

4° La croyance donne la force de vaincre les obstacles, elle soutient la volonté, elle empêche l'inquiétude ;

5° La confiance en sa puissance est une suite de cette croyance ; il n'est pas douteux qu'elle augmente la force, ou plutôt les moyens d'en faire usage, et qu'elle donne plus d'énergie à la volonté ;

6° Quant à l'intention, le magnétiseur ne produit des effets salutaires qu'autant qu'il est pénétré d'un sentiment de bienveillance, d'un tendre intérêt pour le malade, d'un désir sincère et désintéressé de lui faire du bien : c'est de là que résulte cette action douce, paisible, uniforme, qui se fait sentir peu à peu, et qui calme les douleurs. Ce phénomène est sans doute difficile à expliquer, mais il est reconnu de tous ceux qui ont magnétisé. Je pense que cette intention bienveillante fait que le fluide s'échappe sans effort et prend une direction convenable. Il est certain qu'on fait peu de bien lorsqu'on agit par curiosité, et qu'on cherche seulement à produire des effets singuliers. En général, ceux qui ont un esprit calme, une âme tendre et sensible, sont bien meilleurs magnétiseurs que ceux qui ont une imagination vive et forte ;

7° Quant à la constitution physique, il est certain qu'un homme d'un tempérament foible ne sauroit magnétiser avec la même énergie qu'un homme robuste, qui exerce ses facultés sans éprouver de la fatigue.

Le magnétisme est une communication des forces vitales ; et ces forces sont bien moindres dans un homme infirme et dans un vieillard que dans un homme sain et vigoureux.

Il y a entre les hommes des différences qui tiennent à la fois du physique et du moral, et qui ont une prodigieuse influence sur leur puissance magnétique.

Les uns sont d'un caractère ferme, actif, prononcé ; les autres sont mous, indolens, incertains.

Les uns ont une sensibilité facile à émouvoir, les autres ne sont émus de rien.

Les uns sont d'une extrême vivacité, les autres sont froids et tranquilles.

Il en est enfin qui veulent avec énergie, d'autres qui désirent foiblement.

Le meilleur magnétiseur est celui qui a un tempérament robuste, un caractère à la fois ferme et tranquille, le germe des passions vives sans être subjugué par elles, une volonté forte sans enthousiasme, de l'activité réunie à la patience, la faculté de concentrer-son attention sans effort, et qui en magnétisant s'occupe uniquement de ce qu'il fait.

Ces hommes-là ne sont pas très-communs, et voilà pourquoi les bons magnétiseurs sont difficiles à trouver.

Mais il n'en faut pas conclure que les hommes qui n'ont pas toutes les qualités dont je viens de parler ne peuvent magnétiser avec succès. S'ils ne produisent pas des effets aussi remarquables, ils en produisent toujours assez pour se convaincre et pour faire du bien : ils n'ont qu'à vouloir.

En lisant l'histoire des premiers traitemens faits par le magnétisme, on y voit des guérisons qui tiennent du prodige par la promptitude et l'intensité des effets, et on les rejette comme fabuleuses. J'ose assurer que la plupart ne le sont pas : des effets semblables se renouvellent encore, mais ils sont plus rares ; et je vais en dire la raison, quoique je sache bien que cette raison ne sera admise que par ceux qui sont déjà persuadés de la réalité de ces effets.

Lors des premiers essais du magnétisme, la vue de phénomènes nouveaux et inattendus produisit un enthousiasme excessif. Cet enthousiasme, dangereux d'ailleurs, donna une confiance sans bornes, une foi vive ; et les magnétiseurs firent sans aucun effort usage de toutes leurs facultés, de toute leur puissance. Ils furent également secondés par les sujets qui se livroient à eux avec un entier abandon. Ils réussirent, parce qu'ils croyoient, qu'ils vouloient, et que rien ne leur paroissoit difficile. Aujourd'hui, cette foi, cette confiance sont bien plus rares. La plupart de ceux qui magnétisent ont une sorte de crainte de ne pas réussir : je l'ai cent fois éprouvé moi-même. Je suis bien convaincu de la réalité de l'agent, mais malgré moi je doute de ma puissance, et ce doute affoiblit mon action. Il y a des jours où j'agis plus fortement, et c'est toujours lorsque je magnétise avec le plus d'abandon et de confiance. Je m'aperçois aussi que ma force augmente lorsque j'ai produit un effet salutaire. La diminution de confiance n'empêche point qu'on ne fasse du bien, mais on en fait moins ; et il est essentiel d'en avertir, pour qu'on ne soit pas étonné de ne pas produire d'abord des effets semblables à ceux dont on trouve dans les livres des récits bien constatés. Aussi, lorsque j'ai invité à faire des expériences, je me suis bien gardé d'annoncer qu'on verroit des merveilles ; j'ai seulement promis que celui qui rempliroit les conditions nécessaires obtiendroit des effets suffisans pour s'assurer de la réalité du magnétisme : c'est peu à peu qu'on se convaincra ensuite de sa puissance.

On a demandé si la force des magnétiseurs ne s'augmentoit pas à mesure qu'ils en faisoient usage ; je l'ignore. Mais il est certain qu'un long exercice dans le magnétisme donne plus de confiance, plus de facilité à employer les procédés, plus de discernement dans le choix de ces procédés ; et conséquemment, sinon plus de puissance, du moins plus de moyens de faire usage de celle dont on est naturellement doué ; et que, toutes choses égales d'ailleurs, le magnétiseur exercé a de l'avantage sur celui qui ne l'est pas.

Outre la force propre à chaque homme, et dépendante des causes indiquées ci-dessus, il est encore une force relative. Tous les somnambules s'accordent à reconnoître une différence dans le fluide des divers individus, et une analogie plus ou moins grande entre les divers fluides ; tous disent que tel magnétiseur est plus capable d'agir sur tel malade que sur tel autre, et qu'il s'en rencontre même qui, par la qualité de leur fluide, sont plus propres à guérir certaines maladies. C'est du moins une chose incontestable qu'il existe entre quelques personnes un rapport naturel qui rend l'action plus prompte et plus facile. C'est seulement par sa propre expérience qu'on peut s'éclairer sur cet objet. Il suffit de savoir que tout homme bien intentionné peut faire plus ou moins de bien. Si quelqu'un se trouve, dans certains cas, avoir trop de force, il est toujours le maître de modérer son action.

La différence de sexe n'a aucune influence, ni directe, ni relative sur la puissance magnétique. Les femmes magnétisent tout aussi bien que les hommes, elles font de même de bons somnambules. Leur action est en général plus douce, mais elle n'en est pas moins salutaire. Lorsqu'elles ont de la confiance, on peut être sûr qu'elles magnétiseront leurs enfans malades avec plus de succès que ne pourroit le faire le magnétiseur le plus exercé. En général, elles doivent être préférées pour magnétiser les personnes de leur sexe.

CHAPITRE VI.

De l'influence que la confiance des malades peut avoir sur l'efficacité du traitement magnétique.

———

C'EST une opinion généralement répandue parmi ceux qui ont entendu parler du magnétisme, et qui n'ont pas réfléchi sur la théorie, que, pour en éprouver les effets, il faut avoir la foi : cette opinion n'est pas fondée.

La foi est nécessaire au magnétiseur, sans elle il agira foiblement ; mais elle n'est point nécessaire à celui qu'on magnétise. Si celui-ci n'éprouvoit des effets qu'autant qu'il est d'avance persuadé qu'il va en éprouver, on pourroit attribuer ces effets à l'imagination.

Cependant l'incrédulité absolue du magnétisé peut repousser l'action du magnétiseur, la contrarier, la retarder, et s'opposer aux effets pour un temps plus ou moins long.

C'est une des raisons pour lesquelles on agit bien plus sûrement sur des gens de la campagne que sur des hommes du monde, qui veulent seulement se prêter à une expérience. C'est aussi pourquoi il est de la prudence de ne proposer l'essai du magnétisme qu'à des personnes qui sont dans un état assez souffrant pour qu'en essayant, sans y croire, elles s'abandonnent avec le désir que le moyen qu'on leur propose ne soit pas une chimère.

Parmi les hommes absolument incrédules que j'ai tenté de magnétiser, j'en ai rencontré plusieurs sur qui je ne pouvois produire aucun effet. Peut-être cela tenoit-il à ce que la crainte de ne pas réussir troubloit ma confiance, détournoit mon attention, et empêchoit l'exercice naturel de ma volonté ; mais peut-être aussi l'incrédulité du malade repoussoit-elle mon action.

D'après les nombreuses observations que j'ai faites sur cet objet, voici ce dont je suis persuadé.

La confiance est sans doute une disposition favorable dans celui qu'on magnétise ; mais pour qu'il éprouve tous les effets dont il est susceptible, il lui suffit d'être dans l'inaction, et de ne point chercher à examiner s'il sent ou ne sent pas quelque chose, de se laisser aller, de ne point contrarier la volonté de son magnétiseur, de ne pas lui parler de choses qui détourneroient son attention, de ne penser à rien.

Que le magnétisé soit incrédule, si dans le moment où on le magnétise il ne cherche pas à mettre son magnétiseur en défaut, s'il ne lui inspire aucune crainte, au bout de quelque temps l'action s'établira, et elle produira ordinairement une situation que je comparerois volontiers à celle qui précède le sommeil, dans laquelle on a des idées vagues sans s'occuper de rien, sans ennui et sans s'apercevoir de la durée.

J'ai remarqué en général que lorsque le magnétisme agit, le magnétisé ne s'ennuie point; on le magnétise pendant une heure sans qu'il éprouve d'impatience; et cet effet a lieu sur des personnes qui en éprouveroient beaucoup d'être pendant une heure immobiles sur un fauteuil, si on ne les magnétisoit pas. Cette observation est surtout frappante chez les enfans.

Lorsqu'on magnétise quelqu'un qui est abattu par les souffrances, son incrédulité ne s'oppose point aux effets, parce qu'alors il ne s'occupe pas à vous prouver que vous n'agissez pas, il cherche plutôt s'il ne seroit pas possible que vous lui fissiez du bien.

Au reste, j'ai magnétisé plusieurs personnes très-incrédules, qui ont promptement éprouvé des effets; et je conclus que la croyance n'est pas nécessaire pour les éprouver, mais qu'elle les favorise et qu'elle contribue à leur efficacité; de-même qu'elle contribue souvent, de l'aveu des médecins, à l'efficacité des remèdes de la médecine.

CHAPITRE VII.

*De l'application du Magnétisme à la guérison
des maladies.*

La plupart des ouvrages publiés sur le magnétisme donnent une idée fort exagérée de son action et de son efficacité. Ce n'est point que les récits qu'ils contiennent soient faux, mais on a choisi seulement l'histoire des guérisons extraordinaires et des phénomènes singuliers. On croiroit, en les lisant, qu'un grand nombre de ceux qu'on magnétise deviennent somnambules, tandis que le vrai somnambulisme est fort rare. On croiroit que le magnétisme guérit toutes les maladies, à moins qu'elles ne soient la suite de la lésion d'un organe essentiel, comme le cœur ou le poumon, et c'est une erreur. Les relations surprenantes qu'on s'est hâté de donner au public auroient dû être examinées par des médecins initiés dans la pratique du magnétisme, et communiquées seulement aux magnétiseurs, qui, déjà convaincus de l'existence de l'agent qu'ils emploient, veulent s'instruire de tout ce qu'il peut opérer. Elles sont plus propres à affoiblir qu'à fortifier la croyance de ceux qui cherchent à s'instruire : d'abord, parce que le merveilleux inspire de l'éloignement à tout esprit sage ; ensuite, parce que la plupart de ceux qui font des essais, n'obtenant pas les phénomènes qu'on a décrits, se jugent incapables de les produire, et soupçonnent même que ceux qui croient les avoir vus sont dupes d'une illusion.

Parmi les malades qui se soumettent au traitement magnétique, plusieurs se trouvent peu à peu soulagés ou guéris sans avoir rien éprouvé qui démontre une action. Un vingtième à peu près deviennent somnambules ; mais parmi ceux-ci, il en est à peine un sur cinq qui parvienne à ce degré de clairvoyance dont on trouve tant de descriptions dans les ouvrages de messieurs de Puységur et Tardy, et dans les mémoires de la société de Strasbourg.

Sur plus de trois cents personnes que j'ai magnétisées, ou au traitement desquelles j'ai coopéré, je n'ai guère rencontré qu'une douzaine de somnambules qui m'aient présenté des phénomènes curieux. A la vérité j'en ai vu un bien plus grand nombre, mais en passant et entre les mains de magnétiseurs que je connoissois peu : et ceux-là m'auroient beaucoup plus étonné qu'ils ne m'auroient convaincu si je n'en avois eu moi-même.

On a fait beaucoup de tort au magnétisme en l'annonçant comme un remède efficace dans toutes les maladies. Ces prétentions outrées sont également combattues par le raisonnement et par l'observation. Quelquefois le magnétisme ne produit aucun effet ; d'autres fois il produit des effets apparens, sans qu'il en résulte rien pour le bien du malade : souvent il soulage sans guérir ; souvent il produit des crises qui peuvent inquiéter, et dont on ne voit pas l'utilité ; souvent enfin il guérit radicalement, mais après un traitement fort long et qui a exigé beaucoup de constance. Je sais qu'on opère quelquefois des guérisons promptes et même instantanées. C'est lorsqu'il suffit de donner une nouvelle impulsion pour déterminer une crise à laquelle la nature étoit disposée.

Nous ne parlerons point du somnambulisme dans ce chapitre ; c'est un sujet qu'il faut traiter à part. Nous allons jeter un coup-d'œil rapide sur les effets que le magnétisme produit le plus communément , en les considérant d'abord comme des effets physiques qui prouvent une action, puis comme des moyens curatifs : nous verrons ensuite quelles précautions exige le traitement des maladies par le magnétisme.

Comme je vais parler d'après mes propres expériences, il est possible que sur plusieurs choses je ne me trouve pas d'accord avec d'autres magnétiseurs, plus heureux ou plus habiles que moi. Mais il n'en résultera point de contradiction ; seulement j'aurai promis moins qu'eux, j'aurai été plus timide. Ce sera un bien que ceux que j'aurai engagés à essayer obtiennent des succès plus marqués que ceux que je leur aurai annoncés.

Lorsqu'on magnétise un malade atteint d'une maladie chronique, qui cependant n'est pas la suite d'un vice d'organisation ou de la lésion d'un organe essentiel, voici ce qui arrive fréquemment.

Dans le premier quart d'heure le malade ne sent rien du tout ; si l'on passe la main devant son visage à la distance de deux pouces, il n'en éprouve aucune impression, mais au bout d'un quart d'heure ou d'une demi-heure la main du magnétiseur produit sur lui une sensation de chaleur ou de froid, plus ordinairement de chaleur, tellement qu'il semble qu'un fer légèrement chaud passe devant le visage. Lorsqu'on magnétise une seconde fois, la sensation, qui d'abord ne s'étoit produite qu'au bout d'une demi-heure, se renouvelle dans un temps plus court. Elle est d'autant plus prompte, et a d'autant plus d'intensité, que le rapport est mieux établi.

Lorsqu'on passe la main le long des bras ou

les jambes, l'impression de chaleur ou de froid ne se fait pas sentir uniquement sous la main ; elle a précède.

Très-souvent le malade éprouve de l'assoupissement, il a les yeux appesantis, la tête lourde, sans pourtant que cela le gêne. Très-souvent encore, si on n'a conduit la main que jusqu'aux jambes, sans aller jusqu'à l'extrémité des pieds, les jambes s'engourdissent. Lorsqu'après une heure de magnétisme on descend la main le long des jambes jusqu'à l'extrémité des pieds, l'assoupissement cesse, la tête est dégagée, et l'engourdissement des jambes se dissipe.

L'application de la main sur l'estomac y fait sentir tantôt un poids, tantôt de la chaleur, et cet effet cesse de même en étendant l'action.

Le pouls éprouve presque toujours un changement pendant qu'on magnétise : il devient plus élevé, plus vif et plus régulier.

S'il y a quelques douleurs causées par une transpiration supprimée, il est très-ordinaire de voir pendant la séance une transpiration sensible établir aux pieds ou aux mains.

Assez ordinairement le malade se trouve dans un état de repos, et ne s'aperçoit pas de la durée du temps pendant lequel on le magnétise. Souvent il s'endort d'un sommeil léger, que le moindre bruit peut interrompre. Souvent il a peine à ouvrir les yeux, et ce symptôme cesse aussitôt qu'on a passé les doigts en travers devant les yeux.

Pour s'assurer de la réalité de ces effets, il faut, non point demander au malade s'il les éprouve, question qui pourroit indiquer la réponse ; mais le laisser s'expliquer de lui-même sur ce qu'il sent.

L'agitation produite par une irritation nerveuse ou même par la fièvre s'opposant à l'action du magnétisme, et surtout au sommeil, il est à propos de choisir les momens où le malade est le plus calme.

Les effets que je viens de décrire suffisent pour convaincre celui qui les produit qu'il y a une action : mais ils sont peu de chose, et l'on en voit fréquemment de beaucoup plus sensibles.

Tantôt c'est un sommeil profond qui a lieu subitement, qui dure une heure ou plus, et qui se renouvelle à chaque séance, jusqu'à ce que le malade soit guéri : tantôt c'est une chaleur vive ou une forte oppression. Quelquefois le magnétisme porte sur les nerfs et cause des spasmes qu'il est nécessaire de calmer ; quelquefois aussi il produit un sentiment de bien-être. Les malades qui ont des obstructions sentent ordinairement dans l'organe obstrué une chaleur vive, ou une douleur qu'ils n'avoient point éprouvée. Dans certains cas, en posant la main sur la tête, on y cause une douleur qui se dissipe aussitôt qu'on passe la main le long des jambes.

Il arrive souvent que le magnétisme réveille une douleur ancienne, et qu'on n'avoit pas ressentie depuis plusieurs années. C'est toujours une preuve que la cause du mal n'est pas entièrement détruite.

Les femmes qui se font magnétiser éprouvent presque toujours dans le commencement une accélération des accidens périodiques; et quoique cette accélération puisse être due au hasard, le même effet s'est présenté si souvent, qu'on ne peut s'empêcher de l'attribuer au magnétisme.

On est sûr de voir plusieurs de ces phénomènes dans la première semaine où l'on fera des essais à la campagne; mais si ces effets prouvent une action, ils ne prouvent nullement que cette action soit curative.

La preuve que le magnétisme guérit beaucoup de maladies ne peut résulter que de la comparaison des observations. Mais celui qui aura lu les nombreuses relations imprimées, s'il est une fois convaincu de l'existence de l'agent, ne pourra révoquer en doute son efficacité; et je crois qu'il est plus nécessaire de prévenir les

magnétiseurs contre l'enthousiasme , que de chercher à leur prouver que le magnétisme guérit.

Je vais donc essayer de tracer les limites dans
lesquelles il me semble qu'on doit se renfermer
aujourd'hui , et dire mon avis sur l'emploi du
magnétisme comme moyen curatif, et sur le
degré de confiance qu'on peut lui accorder ; je
laisse de côté tous les traitemens dans lesquels
on a obtenu le somnambulisme : nous y revien-
drons après.

Il est des maladies aiguës pour lesquelles j'aurois la plus grande confiance au magnétisme ,
et pour lesquelles j'y aurois recours moi-
même avant d'employer les moyens de la médecine ordinaire : telles sont les maladies inflam-
matoires, comme la fluxion de poitrine ou pé-
ripneumonie , l'esquinancie, etc. (1). Ces maladies se traitent ordinairement par la saignée : et
je suis persuadé que le magnétisme employé dès
le premier moment rendroit la saignée inutile.
Cependant je ne conseillerois à personne de ne
pas appeler le médecin ; je proposerois seulement de commencer par essayer du magnétisme.
Si, après un traitement de deux heures, on
voyoit disparoître tous les symptômes alarmans,

______

(1) J'ai guéri des esquinancies , mais je n'ai jamais traité de
fluxion de poitrine ; ainsi ce n'est que par conjecture que je juge
que le magnétisme pourroit être utile dans cette maladie.

on pourroit s'en tenir au magnétisme, en recommençant après un intervalle de quatre, cinq ou six heures ; le médecin jugeroit alors si la saignée n'est plus nécessaire, ou du moins s'il n'y a nul danger à différer d'y avoir recours.

On peut objecter que j'ai considéré le magnétisme comme tonique, et que les toniques ne conviennent point lorsqu'il y a inflammation. A cela je réponds que, dans les maladies que j'ai citées, l'inflammation n'est point générale, mais locale, et que l'effet du magnétisme est de rétablir l'équilibre. Un homme a une esquinancie ; on le saigne pour apaiser l'inflammation , et non parce qu'il a trop de sang , puisque la veille il avoit la même quantité de sang et n'étoit point malade. Le magnétisme, en ramenant le sang aux extrémités, en l'empêchant de se porter avec trop d'abondance vers la partie malade, calmera l'inflammation, et dispensera peut-être de la saignée.

Je ne voudrois pas de même m'en rapporter au magnétisme pour une fièvre bilieuse ou putride. On pourroit cependant l'employer comme auxiliaire, peut-être produiroit-il une crise ; mais il ne dispenseroit pas de faire usage des évacuans.

Dans la fièvre adynamique où il y a prostration de forces, et dans la fièvre ataxique où il y a irrégularité dans leur distribution, je voudrois aussi employer le magnétisme comme auxiliaire; dans le premier cas, parce qu'il donne du ton et ranime les forces; dans le second, parce qu'il est propre à rétablir l'équilibre.

Dans la goutte remontée à la tête, à la poitrine ou à l'estomac, j'ai vu des effets prodigieux du magnétisme! Je l'ai employé quatre fois, le malade souffrant des douleurs atroces, et chaque fois en une heure j'ai rappelé la goutte aux pieds. Il est vrai que j'avois magnétisé ce malade pour une autre maladie, que je l'avois même rendu somnambule, et que j'avois conséquemment beaucoup d'action sur lui.

Je n'en dirai pas davantage sur le traitement des maladies aiguës. Pour en parler convenablement, et même pour apprécier les guérisons de ce genre qui sont rapportées dans les livres, il faudroit être instruit en médecine. Quand j'ai vu un malade dans un état dangereux, je n'ai jamais voulu employer le magnétisme que du consentement du médecin; et ce sera réellement aux médecins qu'il appartiendra d'en conseiller l'usage, lorsqu'ils se seront donné la peine d'en examiner les effets.

Parlons maintenant des maladies chroniques.

Il en est un grand nombre qui échappent au pouvoir de la médecine; il en est qu'elle ne

peut définir ; il en est qui sont parfaitement connues et qu'elle ne peut guérir. Parmi ces dernières, les unes se terminent par la mort, après
de longues souffrances ; les autres ne causent point
la mort, mais elles rendent la vie du malade
pénible et languissante.

C'est principalement sur ces dernières que le
magnétisme obtient le plus de succès ; non qu'il
les guérisse ni promptement ni toujours radicalement, mais du moins il les soulage. Reprenons.

Dans les maladies chroniques, que les médecins ne peuvent bien connoître, le magnétisme
agit en procurant des crises dont il ne faut pas
s'alarmer ; car elles sont suivies d'une amélioration dans l'état du malade.

Dans les maladies bien connues, mais qu'on
guérit difficilement, ou qu'on ne guérit pas du tout
lorsqu'elles ont atteint un certain période, j'ai vu
le magnétisme produire des effets surprenans. Je
citerai pour exemple l'hydropisie essentielle. J'en
ai guéri trois ; je les ai guéries radicalement sans
autre remède, et les malades, lorsque je les ai
entrepris, étoient à peu près jugés incurables
par d'habiles médecins qui avoient épuisé les
ressources de l'art. Je ne prétends pas pour cela
que le magnétisme puisse guérir toutes les hy-
dropisies ; je dis seulement que j'en ai guéri
trois : deux très-anciennes ont exigé un traite-

ment fort long ; la troisième, venue très-prompte‑
tement, a été guérie dans moins d'un mois.
L'hydropisie est souvent la suite d'une maladie
organique, comme M. Corvisart l'a prouvé dans
son Traité des maladies du cœur. Dans ce cas,
je ne crois pas que le magnétisme puisse la guérir,
pas plus que ne le feroit tout autre remède.

Les fièvres d'accès cèdent ordinairement au
magnétisme après quelques séances. Les jours
de fièvre, il faut magnétiser lorsqu'on com‑
mence à sentir les approches de l'accès, et les
autres jours à la même heure. Le premier effet
est d'arrêter le frisson, ensuite la fièvre s'affoi‑
blit et cesse entièrement. Il est à propos de con‑
tinuer quelques jours après qu'elle a cessé, pour
en empêcher le retour.

J'ai employé le magnétisme, tantôt avec suc‑
cès, tantôt inutilement pour des maux d'yeux,
des maux de dents, des douleurs d'oreille, des
surdités. Ces maladies tiennent souvent à des
causes sur lesquelles le magnétisme n'a aucune
action. Il est évident qu'il ne peut rien sur une
cataracte, une carie des dents, une lésion de
l'organe de l'ouïe, etc. Quand on ignore la cause
on peut essayer. Je crois que dans l'inflammation
des yeux on doit éviter le magnétisme local,
crainte d'augmenter l'irritation ; le magnétisme
à grands courans doit la soulager.

J'ai vu guérir, dans une seule séance, un ca-
tarrhe qui s'étoit annoncé d'une manière très-
grave. La guérison s'opéra par une crise remarquable, quoiqu'elle soit très-fréquente dans les
traitemens magnétiques. Le magnétiseur avoit
attiré de la poitrine sur les jambes : la poitrine
se trouva entièrement dégagée ; mais le malade
eut, pendant trois jours, des douleurs insuppor-
tables dans les cuisses et les jambes. Ces douleurs
auroient vraisemblablement été dissipées le lendemain, s'il n'eût craint d'employer de nouveau
le moyen qui les avoit excitées.

Dans les maladies produites chez les femmes,
par la suppression des causes qui entretiennent
leur santé, le magnétisme est ordinairement suivi
des meilleurs effets : la guérison est plus ou moins
prompte, plus ou moins complète, selon que la
maladie est plus ou moins ancienne, selon qu'il
suffit pour rétablir la santé de détruire un obstacle,
d'amener une évacuation, ou qu'il faut remédier
à un désordre général. On peut dire la même
chose de la plupart des infirmités qui sont la
suite d'un lait répandu.

Les obstructions abdominales par engorgement
sont peut-être les maladies sur lesquelles le magnétisme a le plus d'efficacité ; mais le traitement
est fort long, et l'on voit souvent paroître des
accidens auxquels on ne s'attendoit pas. On sait

que, dans les commencemens, M. Mesmer, attribuoit la plupart des maladies à des obstructions. On eut raison de rejeter cette doctrine, à laquelle il ne donnoit cependant pas autant d'extension que ses ennemis l'ont supposé (1).

Dans les rhumatismes, dans les sciatiques et autres nevralgies, le magnétisme amène ordinairement la guérison ; mais il faut beaucoup de patience, et d'autant plus que la maladie est plus ancienne. Lorsque la douleur est fixée dans une partie, le premier effet du magnétisme est ordinairement de la déplacer, alors elle descend le long des membres et s'échappe enfin par les extrémités. Cet effet a été remarqué par des personnes qui ont autrefois magnétisé sans s'en douter.

Dans les panaris et autres maux d'aventure qui ne sont pas dangereux, mais qui font long-temps souffrir, le magnétisme arrête entièrement

---

(1) Les tumeurs abdominales, produites par un changement dans le tissu de l'organe, ne sont pas toutes mortelles, mais elles ont toutes incurables. Le magnétisme ne peut rien contre ces sortes de tumeurs ; je le crois même dangereux. En excitant le mouvement et la sensibilité dans un organe dont il faudroit maintenir l'inertie, il peut occasioner une crise qui ait les suites les plus fâcheuses. Ainsi, quand un malade a des obstructions anciennes, il est à propos de consulter le médecin sur leur nature avant d'avoir recours au magnétisme. Toutefois, en évitant de diriger l'action sur la tumeur, on fera bien d'essayer pendant quelques jours du magnétisme à grands couraus, pour voir si le malade seroit disposé à devenir somnambule.

les progrès du mal (1). Je l'ai vingt fois employé, et toujours avec succès. Je descends ma main le long du bras ; je la conduis jusqu'à l'extrémité du doigt, comme si je voulois attirer l'humeur en dehors. Quelquefois la douleur devient momentanément plus vive ; mais elle se calme bientôt, et le mal n'augmente plus.

Dans les tumeurs qu'il faut amener à suppuration, le magnétisme accélère beaucoup cette crise. Si la tumeur ne fait que commencer, il opère quelquefois la résolution, en divisant et détournant l'humeur.

Dans les furoncles, et peut-être dans le charbon, je présume que l'application du magnétisme peut guérir promptement, pourvu que la maladie ne soit pas avancée ; et je crois devoir rapporter une observation que j'ai faite à ce sujet.

J'avois à ma campagne deux fermiers, âgés de vingt à vingt-cinq ans, et très-robustes. Dans le temps de la moisson, l'un d'eux eut au-dessous de la joue un furoncle, dont il fut sérieusement malade. Il n'étoit pas encore guéri, que son frère prit à la même place un bouton accompagné d'enflure, d'inflammation et de douleur. Il voulut partir le soir, pour aller à la ville

____

(1) Je n'entends point parler des panaris situés dans la gaîne des tendons, ni de ceux qui ont leur siége entre le périoste et l'os. Dans ceux-ci il faut une incision.

consulter le médecin. Je lui dis d'attendre au lendemain, je le fis asseoir et je l'endormis dans quelques minutes. Une heure et demie après il s'éveilla, et fut fort étonné de voir que la douleur, l'enflure et l'inflammation avoient disparu.

Quelques jours après il eut plusieurs boutons sur le corps, ce qui ne l'empêcha pas de continuer ses travaux. Je présume que cette éruption fut produite par l'humeur que j'avois dispersée en l'écartant de la joue, et qu'elle n'auroit pas eu lieu si j'avois magnétisé plusieurs jours de suite pour exciter une transpiration ou toute autre crise. Quoique l'inflammation à l'entour du furoncle eût été entièrement dissipée, le bouton étoit resté : il noircit et se détacha au bout de cinq ou six jours, comme un clou de six lignes de longueur.

Dans les migraines violentes et périodiques j'ai vu le magnétisme enlever entièrement le mal au bout d'une heure : mais si la maladie est ancienne, si les accès se renouvellent de temps en temps depuis plusieurs années, il faut agir avec prudence. Souvent, en guérissant la migraine, on produit des douleurs dans tout le corps, ou une maladie aiguë, parce que l'affection qui se portoit régulièrement à la tête en est détournée et cause une révolution. J'ai deux exemples de ces accidens : heureusement ils n'ont pas eu de suites funestes ; mais ils m'ont donné une leçon importante. Dans ce cas il faut magnétiser un mois ou deux après la guérison apparente, pour détruire la cause du mal. Je reviendrai sur cet objet.

Je n'ai jamais traité d'épileptiques ; mais de nombreuses expériences prouvent que l'épilepsie a souvent été radicalement guérie par le magnétisme. Comme les épilepsies sont produites par différentes causes, il s'en faut de beaucoup qu'on puisse toujours se flatter du succès. On peut dire la même chose de la folie et de la plupart des convulsions. Ceux qui auroient à traiter ces maladies doivent consulter les relations des traitemens du même genre, pour ne point s'effrayer des crises. Elles exigent beaucoup de courage et de dévouement de la part du magnétiseur.

Le magnétisme employé immédiatement après une chute ou un coup, qui n'ont pas fait perdre connoissance, prévient les suites de l'ébranlement et de la contusion : il dispense d'avoir recours à la saignée, et guérit avec une promptitude surprenante. J'en ai plusieurs fois fait l'expérience, et je ne balancerois jamais à commencer par l'essayer, sauf à avoir ensuite recours à d'autres moyens, s'il paroissoit insuffisant.

Dans les maladies de poitrine ou phthisies

pulmonaires au dernier degré le magnétisme ne guérit pas plus que la médecine : cependant il soulage et paroît produire des effets merveilleux dans le premier moment.

Ceci me conduit à donner un avis essentiel aux magnétiseurs, surtout à ceux qui n'ont pas beaucoup d'expérience. En les instruisant de mes erreurs, je les garantirai d'y tomber.

Dans les maladies incurables il arrive souvent que l'action du magnétisme produit un changement très-heureux. Les symptômes les plus alarmans disparoissent, une crise favorable s'annonce, un doux sommeil rend des forces, etc. alors le magnétiseur se flatte de s'être rendu maître de la maladie ; il se livre à l'espérance : il annonce la guérison aux parens et aux amis ; mais bientôt les symptômes funestes reparoissent dans toute leur intensité, le magnétisme n'a plus d'action, ou même il fait mal, et le malade succombe à la violence de la maladie.

Ces événemens causent beaucoup de chagrin au magnétiseur. A la peine de perdre un malade auquel on s'étoit attaché se joint celle de voir manquer un succès dont on s'étoit flatté. On sait bien qu'on n'a fait aucun mal ; mais on se reproche d'avoir fait naître des espérances. On passe non pas pour charlatan, mais pour dupe ; et ces accidens contribuent à détruire la con-

iance au magnétisme, ce qui est un mal pour
l'avenir. Je pourrois citer une foule d'exemples de
cela ; je me borne à deux ou trois, pris dans les
maladies chroniques et dans les maladies aiguës.

J'ai vu une femme à toute extrémité d'une
fièvre puerpérale. Les médecins avoient dit qu'il
n'y avoit plus de ressource. J'approche de son
lit de l'aveu des parens ; je magnétise avec toute
l'énergie dont j'étois capable : la malade s'endormit bientôt d'un sommeil paisible qui dura
plus d'une heure : à son réveil elle paroissoit
mieux : il étoit six heures du soir, et à mi-
nuit elle n'existoit plus. J'avois fait quelque
bien en procurant cette heure de sommeil :
mais je n'aurois pas dû pour cela prendre de
l'espérance. La même chose m'est arrivée sur
d'autres malades également condamnés par les
médecins.

Une dame de ma connoissance étoit phthisi-
que au dernier degré. Les médecins l'avoient
jugée incurable, et ils ne croyoient pas qu'elle
pût vivre plus d'un mois. Elle étoit tourmentée
par une toux continuelle : je la magnétise en
attirant beaucoup sur les jambes : à la suite de
la première séance, elle fut vingt-quatre heures
sans tousser, et conséquemment beaucoup mieux.
Le lendemain l'action du magnétisme eut le
même effet ; mais cet effet n'eut lieu que pen-

dant une quinzaine d'heures : au bout de quelques jours la toux n'étoit suspendue que pendant qu'on magnétisoit : enfin le magnétisme n'agit plus, et la malade périt comme le médecin l'avoit annoncé.

J'ai traité une dame attaquée d'une maladie cruelle et propre à son sexe. Pendant un mois les effets du magnétisme furent miraculeux : je calmois à l'instant les douleurs les plus vives, je donnois des forces extraordinaires : mais ces effets s'affoiblirent au bout de deux mois; la maladie s'aggrava ; la malade finit même par craindre l'action du magnétisme, qui irritoit ses nerfs, et elle mourut à la suite des plus cruelles douleurs. Combien j'ai eu de chagrin de perdre en elle une personne respectable et qui m'honoroit de son amitié : mais combien ce chagrin est devenu plus cuisant par l'espoir que j'avois eu de la guérir (1).

Ces exemples, auxquels je pourrois en joindre bien d'autres, ne doivent pas empêcher d'employer le magnétisme dans les maladies désespérées. Il est à propos d'y avoir recours, si le malade le désire, soit pour lui procurer du soulagement, soit parce qu'on ne connoît pas toutes les ressources de la nature : mais il faut que ce

____

(1) Cette dame étoit soignée par d'habiles médecins qui la jugeoient incurable, et qui avoient consenti qu'on joignît le magnétisme au traitement qu'ils prescrivoient.

soit de l'aveu des parens et du médecin. Il faut ne pas prendre un soulagement momentané ou une crise favorable pour une preuve de guérison : il faut surtout éviter de se livrer trop à l'espérance, et particulièrement de faire partager cette espérance aux autres.

J'ai déjà dit que dans plusieurs maladies organiques le magnétisme ne pouvoit produire aucun effet. Il en est dans lesquelles il pourroit être nuisible, par exemple lorsqu'il faut affoiblir le malade au lieu de le fortifier, et ralentir la circulation au lieu de l'accélérer.

Quand il y a une irritation excessive et générale, excitée par l'action d'un corps étranger, comme à la suite du poison, le magnétisme augmente l'irritation et les douleurs, et causeroit les convulsions si on s'obstinoit à l'employer ; mais on s'arrête à l'instant où l'on s'aperçoit qu'il augmente le désordre au lieu de le calmer.

Il est aussi des cas où son action tonique peut avoir des inconvéniens même sur un sujet très-foibli, je vais en citer un exemple.

Un naturaliste de mes amis, dont la mort est une perte irréparable, se voyant sans ressource et ne trouvant plus de soulagement dans les remèdes, voulut essayer du magnétisme. Les toniques et même l'exercice du cheval excitoient chez lui une irritation dont les suites l'affoiblissoient beaucoup. Le magnétisme produisit le même effet, et il fut obligé d'y renoncer au bout de cinq ou six jours.

Je ne sais jusqu'à quel point le magnétisme peut être efficace dans les affections scrofuleuses et dans les affections scorbutiques. Je n'ai point vu de guérisons de ces maladies ; mais il sera toujours salutaire en donnant des forces, en guérissant beaucoup de maux qui se joignent à l'affection principale. D'ailleurs, quelques faits rapportés dans les mémoires de la société de Strasbourg doivent engager à essayer. Je ne crois pas que le magnétisme puisse détruire un vice dans le sang ou dans les humeurs, lorsque ce vice existe depuis la naissance, et qu'il est en quelque sorte inhérent à la constitution.

J'ai vu des guérisons, ou du moins une grande amélioration dans la paralysie. Je citerai plus bas, à ce sujet, un fait très-curieux.

J'ai magnétisé trois personnes qui avoient une glande au sein : deux ont été radicalement guéries : chez la troisième, la glande a diminué des cinq sixièmes ; il est resté un petit noyau probablement squirreux ; mais ce noyau n'a plus grossi ni causé de douleur depuis huit ans. Deux personnes de ma connoissance ont fait des cures du même genre ; et nous savons par une lettre de M. Malzac, médecin à Castres, à M. Archbold médecin à Bordeaux, qu'ayant consulté M. de la Mure, doyen de l'université de Montpellier, pour une dame qui avoit une tumeur squirreuse au sein, ce praticien célèbre l'informa qu'il avoit vu guérir une tumeur semblable par le magnétisme, et lui conseilla de l'employer. Je crois donc pouvoir recommander l'usage du magnétisme dans cette maladie; mais j'avertis que si la glande est ancienne et adhérente, il faut de la patience.

On a beaucoup prôné le magnétisme dans les maladies nerveuses. Ces maladies peuvent avoir des causes opposées; elles peuvent venir d'atonie ou d'irritation. Dans ce dernier cas je doute que le magnétisme soit bien salutaire : du moins je dois convenir que je n'ai jamais guéri aucune maladie de ce genre. J'ai même vu que l'irritation des nerfs s'opposoit aux effets du magnétisme. J'ai traité une malade hydropique et presque hors d'espérance. A l'hydropisie se joignoient des maux de nerfs très-anciens. J'ai guéri radicalement l'hydropisie et plusieurs autres maux compliqués avec elle, mais je n'ai rien obtenu sur les maux de nerfs ; et les jours où ils étoient très-forts je n'avois presque pas d'action, et je ne pouvois que très-difficilement produire le sommeil, qui même n'étoit plus aussi tranquille. Il n'en est pas de même des mouvemens spasmodiques et convulsifs de l'estomac et de la région abdominale. Le magnétisme les calme d'une manière surprenante.

Au reste, je sais que d'autres magnétiseurs ont guéri des maux de nerfs, mais je dois dire ce que j'ai vu. Il en résulte du moins qu'il est faux que ce soit sur les maux de nerfs que le magnétisme a le plus d'efficacité.

C'est un principe établi par M. Mesmer, et généralement adopté par les magnétiseurs, que le magnétisme hâte la marche des maladies ; mais en accélérant les crises, il donne la force de les supporter.

Je dois avertir encore que lorsqu'un malade est attaqué de plusieurs maladies compliquées, et dont une seule a des symptômes apparens, il arrive souvent que le magnétisme porte uniquement son action sur l'une de ces maladies, et que c'est seulement lorsqu'elle est en voie de guérison que les autres se développent. Cette circonstance donne lieu à des crises et à des variations singulières dans le traitement des maladies chroniques. Lorsqu'une des maladies ainsi compliquées se trouve guérie, on a bien plus de facilité à se rendre maître des autres ; mais il faut souvent beaucoup de temps : et le magnétiseur sage doit se consulter avant d'entreprendre le traitement d'une maladie chronique très-grave et très-ancienne ; s'il n'est pas sûr de pouvoir continuer, il vaut mieux qu'il ne commence pas.

J'ai dit plus haut que le magnétisme ne pouvoit nuire ; mais j'ai ajouté, *en prenant les précautions convenables.* Je crois avoir suffisamment indiqué ces précautions. Si de nouvelles expériences modifient les avis que je viens de donner, elles confirmeront certainement l'opinion qui en est la base, et dont voici le résumé.

Il est des maladies que le magnétisme ne peut guérir, soit parce qu'elles sont incurables par leur nature, soit parce qu'elles n'ont pas été prises à temps ; il en est auxquelles il ne convient point, et qu'il aggraveroit si l'on s'obstinoit à l'employer ; il en est qu'il soulage sans les guérir ; il en est enfin qu'il ne guérit qu'en s'aidant d'autres remèdes. Mais il en est aussi qu'il guérit radicalement et sans convalescence, et parmi ces dernières je ne doute pas qu'il n'y en ait plusieurs qui auroient résisté à tous les secours de la médecine ordinaire. Cela suffit pour employer le magnétisme, mais non pour écarter la médecine, qui dans bien des cas est préférable au magnétisme, et qui dans d'autres fera bien de s'associer à lui, et d'en faire usage comme d'un auxiliaire ou comme d'un remède convenable.

CHAPITRE VIII.

Du Somnambulisme magnétique.

De tous les phénomènes qui ont été observés dans les traitemens magnétiques, le plus étonnant, le plus inconcevable, c'est le somnambulisme. Les descriptions qu'on en a données offrent souvent des détails incroyables. Il ne faut point que cela nous rebute ; assurons-nous d'abord si cet état existe, nous discuterons ensuite ce qu'il faut admettre ou rejeter.

Les preuves que j'ai données de la réalité du magnétisme peuvent toutes être appliquées à celle du somnambulisme, et c'est d'après les principes que j'ai établis qu'on doit examiner les relations des phénomènes présentés par les somnambules. Je pourrois donc me borner à renvoyer aux ouvrages publiés par divers magnétiseurs depuis 1784 ; mais ces ouvrages ne sont pas entre les mains de tout le monde ; quoiqu'il soit facile de se les procurer, on ne les recherche qu'autant qu'on a déjà un commencement de croyance ; pour inspirer le désir de les lire, il faut donner une idée des faits qui y sont rapportés, et répondre à quelques objections qui détournent beaucoup de gens d'examiner ce qui leur paroît d'abord absurde. Ainsi la crainte de tomber dans des répétitions ne doit pas m'empêcher de m'arrêter sur cet objet.

Depuis près de trente ans que le somnambulisme a fixé l'attention des magnétiseurs, tous en ont reconnu la réalité ; la plupart l'ont produit ; ils se sont empressés de le montrer non-seulement à leurs amis, mais à tous ceux qu'ils désiroient convaincre; et je ne crains pas d'assurer qu'il a été vu en France par plus de cinquante mille personnes.

Maintenant il faut savoir si les magnétiseurs en ont imposé.

Si les somnambules nous ont trompés.

Si cet état de somnambulisme n'est qu'un des effets bizarres et incompréhensibles de l'imagination exaltée ; et si ceux qui se croyoient somnambules, quoique dans un état singulier, ne présentoient réellement aucun des phénomènes qu'on a cru remarquer ; tels que la faculté de voir les yeux fermés, celle de n'entendre que leur magnétiseur, celle d'apercevoir le fluide magnétique, celle de connoître la cause de leurs maux actuels, et d'avoir des pressensations de leurs maux à venir.

Enfin il faut chercher comment ces phénomènes peuvent être expliqués, et ce qu'on doit penser des explications qui en ont été données.

La supposition que les magnétiseurs ont eu l'intention d'en imposer est tellement contraire à la vraisemblance, que je ne crois pas devoir la discuter. Il suffit de dire que ceux dont nous avons des attestations par écrit sont en très-grand nombre, qu'ils ne forment point une société, qu'on compte parmi eux des hommes très-éclairés et des médecins, que plusieurs étoient d'abord incrédules, qu'ils ont vu les phénomènes en divers temps et en divers pays, sur le même sujet pendant plusieurs mois de suite, et sur plusieurs sujets différens.

Quant à la bonne foi des somnambules, je n'exagère certainement pas en assurant que depuis 1784 on en a vu plus de deux mille. Dans ce nombre il y a des gens de la campagne qui n'avoient aucune idée des effets du magnétisme, qui n'en avoient jamais entendu parler, et qui ne savoient pas lire ; il y a aussi des hommes graves, des mères de famille respectables, de jeunes filles modestes et réservées, et même des enfans.

On a cité quelques exemples de prétendus somnambules qui ont joué la comédie ; je ne sais si cela est vrai ; mais en le supposant, cela n'infirme en aucune manière les témoignages les plus graves, venus de gens qui n'avoient aucun intérêt à tromper. Il est certain que beaucoup de somnambules ont exigé qu'on ne les laissât point voir dans cet état, si ce n'est à quelques parens ou amis; et ceux-là du moins n'ont pu faire semblant de dormir deux ou trois heures par jour pendant six mois, uniquement pour se jouer de leur magnétiseur.

Quelques incrédules qui ont été admis à des traitemens magnétiques et qui ne pouvoient suspecter la bonne foi du magnétiseur ni celle du somnambule ont dit : « Cela est fort extraordinaire, mais nous n'y voyons qu'une espèce de sommeil ou de crise nerveuse pendant laquelle on parle; ni la faculté de voir les yeux fermés, ni la prévision ne nous paroissent prouvées. »

A cela, je réponds que si l'on veut bien se donner la peine de consulter quelques-unes des relations de ces phénomènes, on ne pourra s'arrêter à ce doute. Voyez les divers journaux des traitemens magnétiques; voyez les lettres écrites de différens pays à MM. de Puységur et Tardy; vous trouverez que les mêmes phénomènes se sont reproduits partout avec les mêmes circonstances essentielles. Les somnambules sont plus ou moins clairvoyans, plus ou moins parfaits ; ils présentent des phénomènes variés : mais la faculté de voir les yeux fermés, le rapport intime avec leur magnétiseur, le développement des facultés intellectuelles, la vue de leur intérieur, la prévision de leurs maux prochains, accompagnent presque toujours leur état. Bien plus, et ceci est extrêmement remarquable, la plupart des somnambules voient et décrivent le fluide de la même manière ; tous indiquent les mêmes procédés à employer et les mêmes précautions à prendre : et je puis attester qu'avant d'avoir lu aucun des écrits sur le somnambulisme, j'ai eu des somnambules qui certainement n'en avoient pas plus lu que moi, et qui m'ont dit les mêmes choses et donné exactement les mêmes conseils que j'ai retrouvés depuis dans les écrits de M. Tardy et autres. Je certifie que ce n'est que long-temps après, et par une suite d'expériences, que je me suis convaincu de la vérité des détails qu'ils me décrivoient et de l'importance des avis qu'ils me donnoient. Je dois faire remarquer aussi que nous avons un grand nombre de lettres écrites par des personnes qui, ayant essayé pour la première fois de magnétiser, ont produit le somnambulisme, et que toutes ces lettres disent les mêmes choses quant aux phénomènes principaux.

Comment imaginer cet accord entre les relations d'observateurs qui ne se connoissent pas, qui habitent différens pays, et dont plusieurs avoient si peu d'idée de l'état qu'ils ont produit, qu'ils en ont été non-seulement surpris, mais même effrayés. Tous les autres effets du magnétisme peuvent être attribués à l'imagination : mais pour ceux-ci la chose est absolument impossible. On peut imaginer qu'on sent de la chaleur ou du froid, de la douleur ou du bien-être ; on peut être guéri d'une maladie par l'imagination ; mais l'imagination ne sauroit faire deviner à mademoiselle N. qu'elle a le ver solitaire, et lui faire prévoir que tel jour à telle heure elle éprouvera telle crise.

On a dit que divers somnambules, en décrivant leur état, le siége de leur mal, et la crise qui devoit opérer leur guérison, l'avoient fait d'une manière opposée aux notions données par l'anatomie. C'est aux médecins à juger si cette objection est fondée : mais je dois faire observer que les somnambules ne sont point anatomistes; qu'ils peuvent mal indiquer telle ou telle partie, et que, pour mériter notre confiance, il suffit qu'ils ne se trompent point dans les effets qu'ils annoncent.

J'ai une fois mis en somnambulisme un médecin. Il me décrivit sa maladie en termes de l'art et avec des détails extrêmement curieux, et dans lesquels il ne seroit point entré avec moi s'il eût été éveillé : un paysan n'auroit pu employer les mêmes expressions, mais il m'auroit annoncé de même l'issue de sa maladie. D'ailleurs l'état de l'homme vivant est peut-être bien différent, non point quant à la situation des parties, mais quant à leur jeu, de ce que nous pouvons savoir par l'anatomie. On a, dans les cabinets de l'école de médecine de Paris, les muscles d'une femme qui, pendant sa maladie, avaloit des aiguilles : elle a vécu long-temps, et les muscles de son corps étoient remplis d'aiguilles croisées en tout sens. J'ai vu la cuisse, qui en contient plusieurs centaines. Comment ces aiguilles sont-elles parvenues dans les muscles sans offenser aucune partie nécessaire à la vie ?

Je dois convenir aussi que dans les récits qu'on nous a donnés il y a des circonstances, les unes douteuses, les autres absolument fausses, et qui prouvent seulement l'enthousiasme et l'ignorance de ceux qui les ont rapportées. Mais ces faits, qu'on doit rejeter, n'empêchent point que d'autres faits ne soient vrais ; pas plus que la mauvaise foi de quelques somnambules n'empêche qu'il n'y ait des somnambules réels ; pas plus que la charlatanerie n'empêche que la médecine ne soit une véritable science. Quiconque aura lu les ouvrages de MM. de Puységur et Tardy ne pourra révoquer en doute les faits attestés par ces observateurs. Tout au plus pourra-t-on soupçonner, dans certains cas, qu'ils ont mal compris ou mal interprété ce que leur disoit un somnambule.

Les phénomènes du somnambulisme sont incompréhensibles, j'en conviens : mais de ce qu'une chose est incompréhensible, s'ensuit-il qu'elle soit fausse ? Reste à savoir si elle est opposée aux lois de la nature. Nous ne connoissons ces lois que par l'observation et l'expérience : voyons donc si l'observation et l'expérience n'ont pas montré de tout temps des phénomènes semblables à ceux qu'on voudroit contester aujourd'hui.

Les ouvrages de médecine et de physiologie contiennent plusieurs relations des phénomènes observés chez les somnambules naturels. Ces phénomènes sont exactement semblables à ceux que présentent les somnambules magnétiques. Les premiers agissent pendant le sommeil comme ils le feroient pendant la veille : ils écrivent la nuit, les yeux fermés et sans lumière. On peut consulter à ce sujet l'article Somnambulisme de la première édition de l'Encyclopédie, imprimé avant la découverte du magnétisme. La seule différence entre les somnambules naturels et les somnambules magnétiques, c'est que ces derniers sont dirigés, et que les autres ne le sont pas. On n'a pu vérifier le phénomène de la prévision chez les somnambules naturels, parce qu'on ne les a point interrogés; mais on s'est assuré que, comme les somnambules magnétiques, ils ne voyoient point par les yeux, et qu'ils ne voyoient que ce dont ils étoient occupés (1).

En 1788, M. Petetin, médecin de Lyon, a publié un mémoire sur les phénomènes de la catalepsie et du somnambulisme. Il y rend compte des nombreuses expériences qu'il a faites sur une cataleptique. Il est essentiel d'observer que M. Petetin ne croyoit point alors à l'efficacité du magnétisme, qu'il en regardoit même la pratique comme dangereuse. Eh bien, les phénomènes que sa cataleptique lui a présentés sont exactement les mêmes que ceux qu'ont présentés les somnambules les plus parfaits et les plus mobiles. M. Petetin les explique par une théorie physiologique et anatomique fort ingénieuse : cette théorie n'est probablement pas vraie; mais les phénomènes ne sont pas douteux : ils sont reconnus par les antagonistes du magnétisme.

On objecte encore que si l'on admettoit la pé-

___

(1) Un de mes amis, très-bon observateur, a examiné un somnambule naturel, et a reconnu l'identité de son état avec le somnambulisme magnétique. Ce fait, que je connois depuis vingt-sept ans, est consigné dans une lettre écrite à M. de Puységur, et imprimé dans ses Recherches sur le somnambulisme, page 78.

nétration et la prévoyance attribuées aux somnambules, on finiroit par croire aux sorciers :
c'est tout le contraire. La connoissance du somnambulisme ramène à des causes naturelles des
phénomènes que l'ignorance et la superstition
ont attribués à des causes occultes. En exami-
nant cet état, on n'y voit qu'une concentration
des facultés, de laquelle résulte plus de délicatesse et de netteté dans les sensations, plus de
rapidité et de facilité dans les calculs de l'intelligence ; en un mot, un toucher intérieur duquel le somnambule tire des conséquences. Dans
son Essai sur le somnambulisme magnétique,
M. Tardy de Montravel ramène tous les phénomènes à des causes physiques, et il réfute victorieusement les objections de ceux qui accu-
sent les magnétiseurs de donner dans le merveilleux.

Je sais bien que plusieurs enthousiastes ont
poussé trop loin les conséquences des phénomènes qu'ils ont vus ; que s'étant assurés que les
somnambules avoient jusqu'à un certain point et
sur certains objets la faculté de prévoir l'avenir,
ils n'ont pas reconnu les limites de cette faculté.
Voulez-vous éviter leurs erreurs ? ne tenez pour
certains que les faits bien attestés : et de ce
qu'un somnambule a prédit un événement prochain et dépendant de causes qui lui sont con-

nues , gardez-vous d'en conclure qu'il puisse prédire de même des événemens éloignés , et qui lui sont étrangers. Gardez-vous surtout de croire que ses prédictions sont infaillibles : cela seroit aussi dangereux en morale qu'absurde en physique ; car cela supposeroit que tous les événemens sont enchaînés par la nécessité , et nous jetteroit dans le fatalisme.

Quand on supposeroit que l'âme peut avoir la faculté de lire dans le passé et dans l'avenir (supposition que je suis loin d'admettre), cette faculté seroit nécessairement bornée , comme celle de voir à de grandes distances l'est pour nos yeux ; et de là résulteroit que les prévisions seroient souvent incomplètes , et qu'elles ne se vérifieroient qu'en partie. La vision peut exister sans être distincte , et dans ce cas le phénomène seroit réel , sans qu'on pût compter sur aucune des circonstances en particulier. D'ailleurs à la vision distincte de certaines choses se mêleroient les conjectures sur d'autres : d'où il suit que quand même certains hommes seroient doués de la faculté de lire dans l'avenir , on ne pourroit compter sur leurs prédictions et leurs prophéties. Celui qui voit une partie des causes qui doivent amener un événement ne les voit pas toutes , et celles qu'il n'a pas vues peuvent produire des changemens considérables. Ceux qui disent que cette faculté n'appartient à l'âme qu'autant qu'elle s'est dégagée de la matière, ne font que s'exprimer d'une manière obscure : et lors même qu'on leur passeroit cette hypothèse incompréhensible, il faudroit convenir que nous pouvons nous tromper par les yeux de l'âme comme par ceux du corps, et que Dieu seul est infaillible, parce que lui seul saisit d'un coup d'œil l'ensemble et les détails.

En supposant la réalité d'un état dans lequel on peut voir sans le secours des organes extérieurs, ceux qui seroient dans cet état ne seroient pas exempts d'erreurs; et leurs préjugés viendroient toujours se mêler à leurs jugemens. Leur vision ne pourroit jamais s'étendre qu'à des objets physiques : ou si elle alloit au-delà, nous ne pourrions tirer aucune lumière de leurs discours. En s'exprimant par le langage destiné à peindre ce qui tombe sous les sens ils seroient obligés de représenter des idées abstraites par des formes étrangères à ces idées, et l'on s'abuseroit en prenant leurs métaphores pour des représentations exactes.

D'après les réflexions que je viens de présenter on voit qu'il ne me semble nullement probable que l'âme dégagée de la matière puisse avoir la faculté de lire dans l'avenir, que les pressensations physiques, qui sont la suite de la

délicatesse des organes et du calcul de la raison,
n'ont rien de commun avec cette prévision métaphysique, et que, quand même cette dernière
prévision existeroit, elle ne conduiroit pas les
hommes à des connoissances utiles et certaines.

Les relations qu'on nous a données des phénomènes du somnambulisme offrent de nombreux
exemples des erreurs où l'on est entraîné lorsqu'on généralise trop les conséquences d'un fait;
lorsqu'au lieu de s'en tenir à ce qui est constaté
on se livre à des conjectures; lorsque sur un
petit nombre de circonstances on bâtit une
théorie, sans faire attention aux nombreuses
objections qui peuvent la combattre.

Bornons-nous à ce que l'observation nous
apprend, et gardons-nous d'aller au-delà. Je
vais exposer simplement ce que j'ai vu et ce
qu'ont vu au moins cinq cents personnes dignes
de foi qui l'ont attesté par écrit, et sûrement
plus de cinquante mille qui se sont contentées
de l'attester verbalement aux personnes de leur
connoissance. Si je me permets quelques explications, quelques principes de théorie, ce sera
sans y attacher d'importance, et seulement pour
montrer qu'on peut admettre tous ces faits sans
avoir recours à une philosophie occulte, sans se
trouver en contradiction avec les lois de la nature. J'aurai pour but de tracer le cercle où il

aut se renfermer pour ne rien admettre qui ne
soit raisonnable.

Lorsque le magnétisme produit le somnambulisme, l'être qui se trouve dans cet état acquiert
une extension prodigieuse dans la faculté de
sentir, plusieurs de ses organes extérieurs, ordinairement ceux de la vue et de l'ouïe, sont assou-
pis, et toutes les sensations qui en dépendent
s'opèrent intérieurement. Il y a dans cet état un
nombre infini de nuances et de variétés; mais
pour en bien juger il faut l'examiner dans son
plus grand éloignement de l'état de veille, en
passant sous silence tout ce que l'expérience n'a
pas constaté.

Le somnambule a les yeux fermés et ne voit
pas par les yeux, il n'entend point par les
oreilles, mais il voit et entend mieux que l'homme
éveillé.

Il ne voit et n'entend que ceux avec lesquels il
est en rapport. Il ne voit que ce qu'il regarde, et
il ne regarde ordinairement que les objets sur
lesquels on dirige son attention.

Il est soumis à la volonté de son magnétiseur,
pour tout ce qui ne peut lui nuire, et pour tout
ce qui ne contrarie point en lui les idées de justice et de vérité.

Il sent la volonté de son magnétiseur.

Il aperçoit le fluide magnétique.

Il voit ou plutôt il sent l'intérieur de son corps, et celui des autres ; mais il n'y remarque ordinairement que les parties qui ne sont pas dans l'état naturel et qui troublent l'harmonie.

Il retrouve dans sa mémoire le souvenir des choses qu'il avoit oubliées pendant la veille.

Il a des prévisions et des pressensations qui peuvent être erronées dans plusieurs circonstances, et qui sont limitées dans leur étendue.

Il s'énonce avec une facilité surprenante.

Il n'est point exempt de vanité.

Il se perfectionne de lui-même, pendant un certain temps, s'il est conduit avec sagesse.

Il s'égare s'il est mal dirigé.

Lorsqu'il rentre dans l'état naturel il perd absolument le souvenir de toutes les sensations et de toutes les idées qu'il a eues, dans l'état de somnambulisme, tellement que ces deux états sont aussi étrangers l'un à l'autre, que si le somnambule et l'homme éveillé étoient deux êtres différens (1).

____

(1) Les divers caractères que je viens d'assigner au somnambulisme se trouvent rarement réunis dans un même sujet : le dernier seul est constant, et distingue essentiellement le somnambulisme. Ainsi il y a des somnambules qui ont les yeux ouverts, qui entendent fort bien par les oreilles, qui même sont en rapport avec tout le monde ; il y en a chez lesquels une seule faculté se trouve plus étendue, et qui d'ailleurs n'ont que des sensations confuses ; y en a qui s'énoncent avec beaucoup de difficulté, etc., etc. Mais jusqu'à présent on n'en a pas observé un seul qui, étant éveillé

Du concours de ces diverses circonstances ré-
ultent des phénomènes singuliers qui ont con-
uit certains magnétiseurs enthousiastes à voir

---

nservàt le souvenir de ce qu'il avoit éprouvé dans l'état de som-
mbulisme.

Cette circonstance est d'autant plus importante qu'elle éta-
it une ligne de démarcation bien prononcée entre le som-
eil et le somnambulisme, entre les sensations des somnam-
les et les songes. Toutes les idées qu'on a eues pendant qu'on dor-
oit, et qu'on se rappelle étant éveillé, ne sont que des rêves.
insi, loin que l'observation des phénomènes du somnambulisme
nduise à croire aux songes, elle tend à détruire cette croyance ;
le explique même pourquoi quelques médecins célèbres dans l'an-
quité ont assuré que, pendant le sommeil, l'àme étoit plus
lairée, et qu'elle pressentoit les maux dont le corps étoit me-
cé. C'est qu'ils avoient observé le somnambulisme, et qu'ils
avoient pas distingué cet état du sommeil ordinaire.

Je dois, à ce sujet, faire mention d'un phénomène psycologique
rt extraordinaire. c'est qu'on a vu quelquefois des somnambules
rler d'eux-mêmes, comme si leur individu dans l'état de veille,
 leur individu dans l'état de somnambulisme, étoient deux per-
mes différentes. Je vais en citer deux exemples :
Mademoiselle Adelaïde le F...., qui, sans avoir été magnétisée,
présenté tous les phénomènes du somnambulisme, n'avoit, dit
istorien de sa singulière maladie, aucune idée du *moi* propre-
eut dit ; elle ne convenoit jamais de l'identité d'*Adelaïde* avec
tile, nom qu'elle recevoit et se donnoit pendant sa manie.
Voici le second fait :
Madame N...., qui avoit eu une éducation distinguée, ayant
rdu sa fortune à la suite d'un procès, elle se détermina, de l'aveu
 son mari, à entrer au théâtre, où ses talens lui assuroient des
ccès et des appointemens considérables. Tandis qu'elle s'occu-
it de ce projet, elle fut malade et devint somnambule. Comme

dans cet état l'action de l'âme dégagée de la matière, ou même une communication avec les intelligences célestes. Mais on ne gagne rien à recourir à de telles hypothèses : il faut se borner à observer les faits et à chercher s'il n'y a pas un principe qui les lie.

Qu'il me soit permis de proposer une explication, que, si elle n'est pas exacte, n'a pas du moins l'inconvénient d'être opposée aux lois de la physiologie.

Dans l'état de veille l'impression reçue à l'extérieur de nos organes est transmise au cerveau dans lequel s'opère le phénomène de la sensation. La lumière frappe nos yeux, et les nerfs dont la rétine est tapissée, en propageant jusqu'au cerveau l'ébranlement qu'ils ont reçu, y font naître la sensation de clarté. Dans l'état de somnambulisme l'impression est communiquée au cerveau par le fluide magnétique. Ce fluide, d'une extrême ténuité , pénètre tous les corps, lorsqu'il est

---

dans son somnambulisme elle annonçoit des principes opposés au parti qu'elle alloit prendre, son magnétiseur l'engagea à s'expliquer, et il en obtint des réponses auxquelles il ne pouvoit s'attendre. Pourquoi donc voulez-vous entrer au théâtre? — Ce n'est pas moi , c'est elle. — Mais pourquoi donc ne l'en détournez-vous pas ? — Que voulez-vous que je lui dise : c'est une folle.

Je tiens cette anecdote du magnétiseur, dont l'exactitude et la véracité me sont bien connues.

poussé par une force suffisante , et il n'a pas besoin de passer par le canal des nerfs pour parvenir au cerveau.

Ainsi le somnambule , au lieu de recevoir la sensation des objets visibles par l'action de la lumière sur les yeux, la reçoit immédiatement par celle du fluide magnétique, qui agit sur l'organe interne de la vision.

Ce que je dis de la vue peut s'appliquer à l'ouïe : et voilà pourquoi le somnambule voit et entend sans le secours des yeux et des oreilles, et pourquoi il ne voit et n'entend que les objets qui sont en rapport avec lui, ou qui lui envoient le fluide magnétique.

Passons aux autres phénomènes.

Les somnambules paroissent savoir une infinité de choses qu'ils ignorent dans l'état de veille ; et ceci a été expliqué par l'instinct. Il est possible qu'il y ait quelque chose de vrai dans cette explication : l'instinct est une faculté qui existe réellement dans plusieurs animaux ; cependant comme c'est une qualité occulte, je voudrois bien qu'on s'en passât pour rendre raison des phénomènes observés dans l'homme, et j'avoue que ceux dont j'ai été témoin me paroissent pouvoir s'expliquer sans cela.

En effet il n'est nullement prouvé que dans l'état de somnambulisme on ait des connoissances qu'on n'avoit point dans l'état de veille : on a seulement des sensations infiniment plus délicates, un souvenir distinct de tout ce qu'on a su et de tout ce dont on a été affecté, et une grande facilité à faire des combinaisons ; c'en est assez pour produire des résultats très-singuliers.

Toutes les sensations que nous avons éprouvées dans le cours de notre vie ont laissé des traces dans notre cerveau. Ces traces sont légères, et nous ne les apercevons point, parce que des sensations présentes nous en empêchent ; mais elles existent, et souvent des choses que nous avions oubliées se présentent à notre souvenir lorsqu'une circonstance imprévue échauffe notre imagination.

Ainsi le somnambule peut se rappeler une conversation qu'il a entendue, un livre qu'il a lu, sans que cela ait rien de contraire à l'ordre naturel. Il se rappelle de même les impressions qu'il a éprouvées, et pour voir quel effet produira sur lui tel ou tel aliment, il suffit qu'il en ait une fois goûté.

Un somnambule qui ne parle habituellement que le patois de sa province parlera peut-être le français, parce qu'il a entendu parler cette langue, qu'il se la rappelle, et que la timidité ne l'empêche pas d'en faire usage ; mais il ne parlera sûrement jamais une langue qu'il n'entendoit pas.

Un somnambule saisit la volonté de son magnétiseur, il exécute une chose qui lui est demandée mentalement et sans proférer de paroles. Pour se rendre raison de ce phénomène, il faut considérer les somnambules comme des aimans infiniment mobiles : il ne se fait pas un mouvement dans le cerveau de leur magnétiseur, sans que ce mouvement ne se répète chez eux , ou du moins sans qu'ils ne le sentent. On sait que si l'on place à côté l'un de l'autre deux instrumens à l'unisson , et qu'on pince les cordes du premier, les cordes correspondantes du second résonnent d'elles-mêmes. Ce phénomène physique est semblable à celui qui a lieu dans le magnétisme.

Un somnambule annonce une maladie qu'il doit avoir dans quelques mois , parce qu'il voit l'effet dans la cause, et qu'il juge la marche de ses organes et les suites de son état actuel , sauf des accidens étrangers à lui. Il explique comment une maladie actuelle s'est développée chez lui , ou chez un individu avec lequel il est en rapport, et alors il voit la cause dans l'effet.

Un somnambule fait des dissertations de métaphysique et de psycologie , il débite même avec une élocution facile et brillante les rêveries les plus étranges ; c'est qu'il a été poussé par son magnétiseur dans un monde illusoire, et qu'une fois qu'il cesse de parler de ce qu'il sent pour parler de ce qu'il imagine, il s'égare d'autant plus que son imagination est plus exaltée.

En un mot, le somnambule n'a que les facultés de l'homme éveillé ; mais ces facultés sont infiniment plus libres, plus étendues, plus délicates, et par cela même plus propres à l'égarer, lorsqu'il sort des limites où doit être renfermée la matière de ses jugemens.

Le somnambulisme et ses effets sont par euxmêmes assez merveilleux sans qu'on veuille encore ajouter à ces merveilles en les faisant dépendre d'un principe surnaturel, et les expliquant par une théorie inintelligible.

J'ai vu une demoiselle de seize ans, qui certainement n'avoit jamais lu de livres de médecine, dicter des traités sur plusieurs maladies. C'étoit moi qui lui faisois des questions auxquelles elle ne pouvoit s'attendre, et auxquelles elle répondoit avec clarté et précision. Cette expérience, qui a été répétée sur d'autres somnambules, me donne lieu de faire deux remarques importantes.

Je demandois un jour à cette somnambule des renseignemens sur la goutte et sur les moyens de la guérir. Je n'en sais rien, me dit-elle, je n'ai jamais eu la goutte.

Mais, lui répondis-je, vous m'avez parlé de la fluxion de poitrine, et vous n'avez jamais eu cette maladie ?

C'est autre chose. Je puis en être attaquée, je vois quelles en seroient les causes et les suites. Je n'ai point le germe de la goutte, et je ne sais ce que c'est. Faites-moi voir un goutteux, si vous voulez que je l'examine et que je vous en parle.

Une seconde observation, c'est que dans les petits traités que cette jeune personne m'a dictés sur quelques maladies, on aperçoit l'époque à laquelle ils ont été composés ; c'est-à-dire quelques principes d'après lesquels on jugeoit alors ces maladies, et que de nouvelles observations ont rectifiés depuis. Ce qui prouve qu'elle retrouvoit dans son esprit des souvenirs de ce qu'elle avoit entendu dire, et qu'elle les mêloit à ses propres idées. Ce qui prouve encore qu'il faut se défier des opinions des somnambules toutes les fois qu'ils parlent d'autre chose que de ce qu'ils voient distinctement.

Les moyens qu'on a d'exciter chez un somnambule des sensations vives, de calmer ses douleurs, d'imprimer un mouvement particulier au fluide qui circule en lui, de changer l'ordre de ses idées, de diriger son attention sur tel ou tel objet, de le mettre en rapport avec d'autres personnes, sont si minutieux en apparence, que je ne suis point étonné que des hommes d'une imagination ardente y aient vu quelque chose de magique. Cependant une fois qu'on a reconnu que notre volonté peut agir sur un autre individu, et que le fluide magnétique est le moyen de cette action, tout s'explique, et ce phénomène, duquel dépendent tous les autres, est un fait primitif prouvé par l'expérience. Le fluide magnétique est d'une extrême ténuité, et une seule de ses molécules peut communiquer son mouvement à une masse du même fluide, comme une étincelle peut allumer une forêt. Dans tout cela rien de contraire à l'ordre : nous sommes témoins tous les jours de faits qui prouvent de quelle ténuité sont les molécules qui agissent sur nos sens, et combien l'effet qu'elles produisent paroît disproportionné à la cause. Nous n'y faisons pas assez d'attention, et je veux en citer quelques exemples.

Il est telle substance odorante qui conserve et répand son odeur pendant des siècles sans diminuer sensiblement de poids. Ainsi un grain d'ambre placé dans un appartement le remplit pendant plusieurs années d'une vapeur odorante qui se renouvelle sans cesse, et il n'y a pas dans l'air environnant un espace qui n'en soit pénétré.

On voit des chiens barbets aller chercher au fond de l'eau une pierre que leur maître y avoit jetée. Il suffit que la pierre ait été touchée pour qu'elle conserve sous l'eau des émanations sensibles à l'odorat de l'animal. Or, le somnambule a une délicatesse de sens bien supérieure à celle de l'odorat du chien ; et le fluide qui agit sur lui est bien plus subtil que ne le sont toutes les émanations odorantes.

Dira-t-on que la ténuité des molécules du fluide doit s'opposer à la force de leur action ? Voyez ce qui se passe dans la pile galvanique ; il suffit de poser les unes sur les autres des plaques de métaux différens pour qu'une matière, qui auparavant ne pouvoit être aperçue, forme un courant assez rapide pour décomposer les sels et pour fondre les métaux. La rotation d'un plateau de verre sur un coussinet met en mouvement le fluide électrique ; et en dirigeant ce fluide par un conducteur, vous pouvez produire à telle distance que vous voudrez des effets comparables à ceux de la foudre (1).

Dira-t-on encore que les effets du somnambu-

---

(1) Les miasmes des maladies contagieuses qui flottent dans l'air, ou qui s'attachent aux corps, échappent à tous nos sens et à toutes les analyses de la chimie, et cependant ils portent le plus grand désordre dans l'économie animale.

lisme ne sont point analysés comme ceux de l'é-
lectricité, et que tout le monde ne peut les vérifier de même ?

A cela je réponds que si la loi que l'électricité
suit dans son mouvement est bien connue, le principe ne l'est nullement ; il en est de même du
somnambulisme : les effets sont toujours les
mêmes ; la cause primitive est seule inconnue.

Je réponds en second lieu qu'il n'est pas plus
difficile de constater les phénomènes du somnambulisme que ceux du galvanisme. Il suffit
pour les voir de magnétiser en remplissant les
conditions convenables. Ces effets ne se montrent pas toujours ; mais combien d'expériences
d'électricité peuvent manquer à cause de l'état
de l'atmosphère. Vous ne réussissez pas aujour-
d'hui, continuez les jours suivans ; et dans l'un
et l'autre cas je vous réponds que vous verrez
les effets qui vous ont été annoncés.

Les phénomènes du somnambulisme, dit-on
enfin, ne sont pas toujours les mêmes, j'en
conviens. Mais niez-vous la déclinaison de l'ai-
guille aimantée, parce que cette déclinaison est
variable, et que vous ne connoissez ni la loi
de cette variation, ni même la cause du fait
principal ?

Tous les effets du somnambulisme peuvent
être ramenés à une même cause, ils sont identi-

ques dans leurs principes, et modifiés seulement dans leurs circonstances.

Il me reste un mot à dire du phénomène le plus incompréhensible, c'est celui du rapport que plusieurs somnambules prétendent exister entre eux et certains objets, et d'après lequel ils voient ces objets quoiqu'ils en soient très-éloignés.

Lorsqu'on a suivi plusieurs traitemens magnétiques, et qu'on a lu diverses relations, il est difficile de nier le fait. Cependant je dois avertir que tous les somnambules n'ayant pas cette faculté, les preuves en sont bien moins nombreuses; et je ne demande à personne de croire un phénomène si surprenant qu'autant qu'il l'aura lui-même vérifié.

Qu'il me soit permis de l'admettre un moment, et de proposer à ce sujet quelques réflexions.

Tous les corps de la nature dont nous ne sommes pas séparés par des corps opaques nous font sentir leur existence en envoyant à nos yeux des rayons de lumière. Tous les corps sonores se rendent également sensibles à nos oreilles, lorsqu'ils exécutent des vibrations qui se propagent dans l'air, et plus promptement encore en traversant les corps les plus durs. Le fluide de l'aimant passe au travers de plusieurs milieux qui arrêteroient la propagation de la lumière et celle du son : l'électricité se porte instantanément aux plus grandes distances en suivant les corps conducteurs. Il suit de là que par l'intermède de divers fluides, il y a une communication établie entre des corps placés très-loin les uns des autres. S'il est vrai, comme je crois l'avoir prouvé, que le fluide magnétique pénètre tout, il peut être de même un moyen de communication entre les corps, et donner aux êtres vivans, lorsqu'ils sont disposés à en recevoir l'influence, le sentiment de ce qui se passe loin d'eux. Il suffit pour cela qu'ils fixent leur attention sur un objet, et qu'il y ait eu antérieurement un rapport ou un lien établi entre eux et cet objet.

Mais en admettant ce principe, il faut admettre aussi une analogie entre la manière d'agir de ce fluide et celle des autres fluides dont nous avons parlé.

Les impressions que produisent les objets s'affoiblissent en raison de la distance où ils sont placés. Plus nous sommes éloignés d'un objet, moins il envoie de rayons de lumière à nos yeux. Le son d'une cloche diminue à mesure que nous nous en éloignons, et il finit par n'être plus sensible. Les impressions produites sur les somnambules doivent de même s'affoiblir par la distance.

Ainsi, de ce qu'un somnambule sent l'action de son magnétiseur à vingt pas, il ne s'ensuit pas qu'il la sentira de même à vingt mille ; de ce qu'il peut voir ce qui se passe à une lieue, il ne s'ensuit pas que sa vision n'a point de limites. Ces limites ne sont pas bien connues ; elles sont plus ou moins éloignées, selon le degré de sensibilité des somnambules ; mais elles existent, et il faut prendre garde de les reculer au-delà de ce que l'expérience a décidément constaté.

Ce que je dis de l'espace peut s'appliquer à la durée. La prévision est d'autant plus incertaine que les événemens sont plus éloignés.

On me dira que l'électricité arrive avec la même force à l'extrémité d'un conducteur de six mille toises qu'à celle d'un conducteur d'une toise. Cela est vrai ; mais c'est parce qu'elle suit une route déterminée, et qu'elle se porte en masse d'un endroit à l'autre. Peut-être dira-t-on qu'il y a de même un conducteur qui, quoique invisible, n'en existe pas moins entre le magnétiseur et le somnambule, entre une mère et sa fille : cela se peut ; mais c'est une hypothèse ; et pour admettre cette explication, il faut avoir recueilli un plus grand nombre de faits, et des faits plus concluans que ceux qui se sont présentés jusqu'ici. Si nous voulons que la théorie du magnétisme devienne aussi certaine que les au-

tres théories physiques, il est essentiel de ne
l'établir que sur des faits parfaitement constatés,
et qu'on a observés un grand nombre de fois. Si
la croyance est nécessaire pour agir, le doute ne
l'est pas moins pour expliquer et généraliser les
faits.

Aristote, de tous les philosophes le plus en-
nemi du merveilleux, donne, des prévisions qui
ont lieu pendant le sommeil et qui sont relatives aux maladies, une explication parfaitement
applicable aux prévisions des somnambules.

Pendant la veille, dit-il, les impressions que
nous recevons du dehors étant très-fortes, elles
absorbent notre attention et nous empêchent
de sentir les mouvemens légers qui se passent
au dedans de nous ; pendant le sommeil, au contraire, ces mouvemens intérieurs deviennent sensibles. Or les maladies, comme tous les événemens,
se préparent à l'avance par de petites causes, et
le dérangement par lequel s'annonce une maladie qui doit se développer dans la suite est
plus facilement aperçu pendant le sommeil que
pendant la veille (1).

Il ajoute que les prévisions ne se vérifient pas

(1) Dicunt clarissimi medici observanda esse somnia diligenter.
Quod cùm omnes qui arte quàvis præditi sunt existimare debent,
tum vel maximè ii quibus aliquid propositum est ad consideran-
dum, quique philosophantur. Motus enim qui interdiu existunt,
nisi permagni sint et vehementes, à majoribus qui vigilantibus in-

toujours, parce qu'une cause imprévue s'oppose au développement naturel qui avoit été annoncé.

La nature des songes gais ou tristes, agréables ou effrayans, peut jusqu'à un certain point indiquer l'état de l'estomac et celui des nerfs ; mais il y a loin de là aux prévisions, et je ne saurois me persuader qu'Aristote ait confondu des objets si disparates, ni qu'il ait eu quelque confiance aux idées qui s'offrent à l'imagination pendant le sommeil ordinaire (1).

J'ai dit que les somnambules ne voyoient que successivement les diverses parties d'un objet, qu'ils ne les voyoient qu'après un examen attentif, que la précipitation, l'imagination, et les idées de leur magnétiseur pouvoient altérer la droiture

---

cidunt obscurantur. Quod contrà fit in somno ubi perexigui magni videntur esse...... Ita fit ut quoniam omnium rerum parva sunt initia, perspicuum sit morborum etiam esse, aliarumque affectionum quæ in corporibus posteris temporibus existunt. Ex quo illud etiam perspicuum est, necesse esse hæc ipsa à dormientibus magis animadverti ac notari, quàm à vigilantibus..... neque nirum videri debet si pleraque somnia non eveniant..... Si qua enim vis alia major oriatur, quàm à quà originem erat res habitura, non sequitur id cujus erat significatio, et pleraque eorum quæ rectè agenda censuimus à valentioribus causis dirempta sunt. Omnino enim non omne quod futurum fuit evenit, etc.

De divinatione per somnium. J. Perionio interpret. Arist. oper. omn. Basil. 1563. t. 3. p. 456.

(1) Un grand nombre de médecins anciens et modernes ont reconnu que dans les crises de certaines maladies il se manifestoit quelquefois une prévention étonnante. J'aurai occasion de revenir sur cet objet dans la seconde partie.

de leur jugement : il est donc essentiel de ne les interroger que sur ce qu'ils voient distinctement, de ne point les presser, de paroître froid vis-à-vis d'eux, de calmer leur imagination au lieu de l'exciter, de ne fixer jamais leur attention sur des choses hors de leur portée, de ne se fier à leurs prédictions qu'autant qu'elles sont relatives à leur état, de ne point leur demander des instructions sur ce dont ils ne s'occupent pas naturellement et avec intérêt, et de consulter la prudence avant de se conformer à leurs avis.

J'ai dit enfin que les somnambules n'étoient pas exempts de vanité. Lorsqu'on les écoute avec trop de confiance, lorsqu'on leur fait des questions difficiles, lorsqu'on paroît s'émerveiller de leur perspicacité, ils se livrent au désir d'intéresser et d'étonner, et dans ce cas ils peuvent débiter toutes sortes de rêveries.

Il est très-rare qu'un somnambule parvienne dès les premiers jours au degré de clairvoyance dont il est susceptible. Il faut qu'il s'accoutume à son nouvel état, qu'il combine ses idées, qu'il approfondisse ce qu'il n'a d'abord fait qu'entrevoir. Ordinairement il se perfectionne tant que sa maladie conserve le même caractère, et ses facultés diminuent à mesure qu'il approche de la guérison. Quelquefois un chagrin, ou un mal accidentel, ou même une crise, le font déchoir tout à coup du point où il étoit parvenu, et il y revient ensuite. On s'expose à des erreurs si l'on ne distingue pas ces diverses époques, et l'on empêche l'entier développement des facultés, si l'on veut hâter la marche graduelle de la nature.

Lorsque l'état de somnambulisme a duré long-temps, il finit par se rapprocher de l'état de veille, les préjugés se mêlent aux sensations, et il ne faut nullement compter sur les somnam-bules qui sont déchus du degré auquel ils étoient parvenus, et qui ont conservé la faculté de tom-ber en somnambulisme après leur guérison.

La direction des somnambules est une chose extrêmement importante ; elle exige de la part du magnétiseur de la prudence, du sang froid, et même une sorte d'instruction.

Si par l'action de la volonté on ne détermine dans les somnambules la concentration de leurs facultés, ils sont foibles, et ne se donnent pas la peine de voir: si on les pousse trop, ils extrava-guent. Les ressorts de leur cerveau se tendent. On peut même les rendre fous, et leur donner des maladies de nerfs qui seroient ensuite très-difficiles à guérir.

Voici la série des questions qu'on doit faire à un somnambule. Dormez-vous? — Combien de temps faut-il vous laisser dormir? — Quand faudra-t-il vous remettre en crise? — Voyez-vous votre mal? — Quelle en est la cause? — Voyez-vous le remède ? — Quand le verrez-vous? — Cherchez ce remède? — Quelles précautions à prendre pour conserver votre santé après votre guérison?

Si l'on veut consulter un somnambule pour un autre malade, on lui en témoignera le désir ; mais en n'exigeant rien, en n'acceptant ses bons offices qu'autant que cela lui fait plaisir, et qu'il se dit bien assuré de sa clairvoyance.

Le malade étant amené à l'heure indiquée par le somnambule, on le lui fera toucher avec précaution , toujours en supposant qu'il n'éprouve pas trop de répugnance , et qu'il ne craigne pas de s'exposer à quelque danger en le touchant. On le préviendra d'avance de ne rien dire au malade qui puisse l'inquiéter : on lui recommandera de l'examiner avec attention ; on pourra s'écarter s'il le désire , mais sans cesser de penser à lui, et même de le regarder. Ensuite le malade s'étant retiré, on lui demandera ce qu'il pense de la maladie et des moyens de la guérir, et l'on écrira sa consultation pour la lui communiquer.

Enfin on discutera cette consultation avec un homme éclairé en médecine, pour s'y conformer seulement dans le cas où elle n'offre aucun inconvénient.

On se gardera bien de faire voir au somnambule plusieurs malades de suite, et même de répéter souvent ces consultations, qui sont ordinairement fatigantes, et quelquefois dangereuses pour lui.

Il est inutile d'ajouter qu'on doit être sûr qu'en consentant à consulter pour un malade le somnambule n'a absolument d'autre intérêt que celui de rendre service.

Dans aucun cas le magnétiseur ne doit permettre qu'on donne au somnambule, de quelque manière que ce soit, la plus légère marque de reconnoissance, ni qu'on lui laisse soupçonner qu'on l'a consulté. Le moindre mélange d'intérêt détruit la pureté d'une communication qui ne doit avoir lieu que pour le bien ; il peut faire soupçonner la bonne foi du somnambule ; il autorise les critiques des ennemis du magnétisme ; il peut même entraîner les abus les plus dangereux, en engageant des charlatans à simuler un état dont la réalité ne doit être admise qu'autant qu'elle est à l'abri de toute objection. C'est un grand malheur que des hommes, d'ailleurs bien intentionnés, et très-désintéressés pour eux-mêmes, aient quelquefois oublié cette règle, qui ne doit jamais avoir d'exception.

On se défiera des somnambules à qui l'habitude de donner des consultations a fait prendre trop de confiance en leurs lumières : ils sont exposés à examiner légèrement : on se défiera surtout , comme je viens de le dire , de ceux qui ont conservé l'habitude de tomber en crise après la guérison : chez ceux-ci la clairvoyance est incertaine , et les idées de l'état de veille se mêlent à celles qui naissent uniquement de leurs sensations présentes.

On se conformera exactement aux indications des somnambules pour les heures auxquelles ils veulent être magnétisés , et pour le régime qu'ils se sont prescrit.

On aura le plus grand soin de ne jamais interrompre les crises.

On ne fera jamais voir les somnambules à des curieux, et on ne les soumettra jamais à des expériences de curiosité.

On évitera de diriger leur attention sur des objets étrangers à leurs sensations physiques; car alors ils s'abandonnent aux illusions de l'imagination, d'autant plus qu'on les écoute avec plus d'intérêt.

On n'oubliera point qu'ils sont susceptibles de jalousie, et on évitera d'exciter chez eux cette passion.

Lorsqu'on leur fera des questions, on aura grand soin de ne pas les tourner de manière qu'elles puissent indiquer la réponse. L'on s'efforcera de chasser de son esprit toute idée qui pourroit influer sur leur détermination. On se tiendra dans un état de calme, parce que l'agitation qu'on éprouve soi-même se communique certainement à eux.

On ne leur laissera jamais soupçonner lorsqu'ils sont éveillés qu'ils parlent pendant leur sommeil : on leur laissera croire qu'ils dorment du sommeil naturel, et on prendra des précautions pour que personne ne les instruise qu'ils sont réellement somnambules.

On peut faire une exception à cette règle, mais seulement dans le cas où cela est nécessaire, où le somnambule n'y voit aucun inconvénient, où il assure qu'il n'en sera pas troublé, et où il le désire lui-même.

Enfin on se défendra de l'enthousiasme, de la curiosité, du désir de montrer et de raconter des choses surprenantes, et l'on ne songera qu'à faire du bien au malade dont on s'est chargé, et à le rendre capable de faire ensuite du bien à d'autres.

J'ai dit que l'état de somnambulisme étoit étranger à l'état de veille, que dans ces deux états on avoit deux ordres d'idées différens, qu'on ne voyoit ni ne sentoit de la même manière dans l'un et dans l'autre, et qu'en sortant du somnambulisme on oublioit absolument tout ce qu'on avoit senti et pensé dans cet état. Cet oubli est un bien. Si l'on conservoit le souvenir des idées du somnambulisme , ces idées se confondroient avec celles qu'on reçoit par les sens ou qui sont conservées dans la mémoire, on ne se trouveroit point dans l'ordre naturel , et l'on ne seroit point en accord avec les autres hommes. Cet inconvénient peut avoir lieu par l'imprudence du magnétiseur , et je dois montrer quels en sont les causes et les dangers.

Lorsqu'on prolonge l'état de somnambulisme au-delà du temps où il est une crise nécessaire pour la guérison, lorsque le somnambule n'étant plus obligé de s'occuper de ses maux on fixe son attention sur d'autres objets pour obtenir de lui des choses surprenantes , lorsqu'on exalte son imagination , il arrive que les nerfs du cerveau prennent plus d'irritabilité ; et cette irritabilité continuant après que le somnambule est éveillé , il lui reste une susceptibilité qui le rend sensible aux moindres impressions. Alors il jouit plus vivement des beautés de la nature, il se livre aux affections tendres, il éprouve une sorte d'enthousiasme ; et cet état, qui s'oppose à la rectitude du jugement , doit être soigneusement évité.

Ce danger n'est pas le seul. Lorsqu'on occupe trop long-temps un somnambule d'idées étrangères à celles qu'il a pendant la veille , ces idées laissent des traces dans le cerveau. Si, quand il est rentré dans l'état naturel, il arrive que quelque chose vienne réveiller ces impressions, cela produit une espèce de folie très-difficile à guérir. Si ce malheur arrivoit, il faudroit distraire le malade des idées qui l'affectent le plus agréablement, lui faire faire de l'exercice, l'occuper de travaux manuels, et ne lui parler de rien de ce qui est étranger aux habitudes de la vie.

Quelques somnambules se trouvent si bien dans l'état de somnambulisme qu'ils désireroient ne pas en sortir. Le magnétiseur ne doit jamais permettre qu'ils y restent au-delà du temps où cela est absolument nécessaire, et il ne doit jamais entretenir chez eux la disposition a cet état : quand il est produit par la nature pour guérir une maladie, il est une crise infiniment salutaire ; quand il devient une habitude, il est une maladie du cerveau qu'il est dangereux de provoquer (1).

----

(1) Le somnambulisme se présente quelquefois avec toutes les apparences de l'état de veille, et alors il peut être prolongé sans inconvénient, si le malade le juge utile. Je rendrai ceci plus clair en racontant un fait qui vient de se passer sous mes yeux.

Une demoiselle de dix-neuf ans, malade depuis trois ans, a eu recours au magnétisme, et dans un mois elle est devenue somnambule. Lorsqu'elle entroit en somnambulisme, ses yeux se fermoient ; mais au bout d'une demi-heure elle demandoit ordinairement qu'on les lui ouvrît sans l'éveiller, en passant les doigts sur ses paupières, et elle restoit ainsi en rapport avec tout le monde

Ces dangers n'existeront jamais lorsque le magnétiseur ne sera dirigé que par le désir du bien, lorsqu'il ne recherchera le somnambulisme que pour guérir les malades, et nullement pour satisfaire sa curiosité.

Je terminerai ce chapitre en revenant sur une opinion que j'ai déjà énoncée et que beaucoup de gens regarderont comme un paradoxe. C'est que le magnétisme auroit en général fait plus de bien, si des hommes persuadés de leur puissance l'eussent pratiqué sans connoître le somnambulisme. Il est si difficile de s'occuper uniquement de la guérison d'un malade qui présente des phénomènes merveilleux, que peu de gens sont capables de cette réserve. Or, lorsqu'on

pendant plus ou moins de temps. Après avoir beaucoup cherché les moyens de se guérir, elle a prononcé qu'il n'y en avoit qu'un ; c'étoit de la conduire à la campagne, et de lui faire faire, soit à pied, soit en charrette, un exercice assez violent pour amener une crise qui la rendroit d'abord plus malade. Sa sœur aînée, qui la magnétisoit, ne pouvant l'accompagner, madame sa mère s'en est chargée. La veille du départ, comme on l'avoit mise en somnambulisme, elle a demandé qu'on l'y laissât jusqu'à ce qu'elle en sortit d'elle-même, parce qu'elle verroit mieux ce qui convenoit à sa santé, et ne se refuseroit point à le faire. Ce somnambulisme a duré huit jours sans interruption, et c'est seulement le neuvième jour qu'elle est rentrée dans l'état naturel. Sa mère qui ne l'avoit pas quittée un instant l'a informée de tout ce qui s'étoit passé dans cet intervalle, pour que ceux qui l'avoient vue, et qui n'avoient aucun soupçon de son état, ne crussent pas qu'elle avoit perdu la mémoire. Son séjour à la campagne a été de trois semaines ; la crise qu'elle avoit annoncée a eu lieu ; elle s'est prescrit ce qui lui étoit nécessaire, et elle est revenue en parfaite santé.

engage un malade à penser, à parler, à rendre compte de ses sensations, l'action du magné- tisme se dirige sur les nerfs et le cerveau, et elle est alors bien moins salutaire que lorsqu'elle est laissée à la disposition de la nature. D'ailleurs l'état de somnambulisme exige une multitude de soins et de précautions qu'il est dangereux de négliger. D'où il suit que, pour bien conduire un somnambule très-susceptible, il faut du calme, du loisir, et un dévouement sans bornes. Je suis persuadé que, si parmi les malades il en est plusieurs qui n'ont été guéris que parce qu'ils sont devenus somnambules, il en est plusieurs aussi à qui cette crise a été plus nuisible qu'utile, et qui auroient été guéris beaucoup mieux s'ils ne l'avoient point éprouvée.

Je désire vivement de réussir à convaincre mes lecteurs de la réalité et de l'efficacité du magné- tisme, mais je n'attache aucune importance à les convaincre des phénomènes du somnambu- lisme. J'ai dû en parler pour qu'ils ne se trou- vent point embarrassés dans le cas où cette crise se présenteroit naturellement à eux. Mais quand ils ne croiroient pas un mot de ce que j'en ai dit, il n'y auroit pas grand mal : ils soulageroient et guériroient tout de même les malades en les touchant avec patience, attention, et volonté.

CHAPITRE IX.

Des inconvéniens, des dangers et des abus du Magnétisme.

———

Il n'est rien de bon en soi dont on ne puisse abuser ; mais on ne sauroit condamner une chose dont les avantages surpassent les inconvéniens, surtout lorsque ces inconvéniens sont faciles à éviter.

Les premiers partisans du magnétisme l'ont présenté comme un remède universel ; ils ont dit qu'il guérissoit immédiatement les maladies de nerfs, et médiatement les autres ; ils ont avancé qu'il n'y avoit qu'une maladie et qu'un remède. Ces propositions, et tant d'autres, sont fort exagérées, pour ne rien dire de plus, et elles ont dû faire rejeter la découverte par les hommes éclairés.

Non-seulement je ne crois point que le magnétisme guérisse toutes les maladies, mais je suis persuadé qu'il n'en guérit que le plus petit nombre, que le plus souvent il soulage sans guérir, et qu'il peut quelquefois être nuisible.

J'en ai dit assez sur les avantages du magnétisme, soit comme agent principal, soit comme auxiliaire dans le traitement d'un grand nombre de maladies; je vais maintenant parler de ses dangers et de ses abus. Je mettrai à les exposer une entière franchise : je les considérerai comme tenant, soit à la nature de la chose, soit à l'impéritie ou à l'enthousiasme de ceux qui l'emploient. Je dois aussi dire un mot de ses inconvéniens relativement aux mœurs : je commence par ce dernier article, qui a donné lieu à beaucoup de déclamations.

Il n'est pas douteux que le magnétisme, établissant des rapports entre le magnétiseur et le magnétisé, soit par une fréquentation plus habituelle, soit par la confiance, soit par la nature même de l'agent, il peut résulter les plus grands inconvéniens de son emploi entre des personnes de différent sexe ; mais il suffit qu'on en soit prévenu pour ne pas s'y exposer. Une mère ne laissera point magnétiser sa fille par un jeune homme, quand même elle auroit la plus haute opinion des mœurs et de la délicatesse du jeune homme. Une jeune femme ne voudra pas non plus être magnétisée par un homme de trente ans, à moins que ce ne soit toujours en présence de son mari. D'un autre côté, un homme qui sait que la pratique du magnétisme est un ministère sacré, sera toujours en garde contre ce qui pourroit éveiller chez lui tout autre sentiment que le désir de guérir ou de soulager un être qui souffre, et il prendra les plus grandes précautions pour ne jamais se mettre dans le cas d'avoir à repousser des idées dont il auroit à rougir. Le danger dont je parle est presque nul, lorsqu'on traite de pauvres gens de la campagne, ou des personnes attaquées de maladies si graves qu'on ne peut être affecté que de leurs maux. Quant à la possibilité d'abuser du magnétisme comme moyen de séduction, je n'en parlerai point; un homme qui se rendroit coupable d'un tel crime seroit un objet d'horreur pour la société.

Je dois avertir que le magnétisme produit quelquefois un attachement tendre, et entièrement étranger aux sentimens qu'il faudroit combattre; je vais en citer deux exemples.

J'étois à la campagne, dans une maison où l'on s'occupoit de magnétisme. Ma santé étant, depuis quelque temps dérangée, une demoiselle de notre société eut la complaisance de me magnétiser à une chaîne où se trouvoient ses parens, ses amis et deux ou trois malades. Dès qu'elle me touchoit, je m'endormois d'un léger sommeil, qui duroit pendant toute la séance. Au bout de dix ou douze jours je m'aperçus qu'elle m'inspiroit une affection particulière, et que j'étois involontairement occupé d'elle. Quinze jours après je me trouvai bien, et nous cessâmes. Dès-lors l'impression qu'elle m'avoit faite se dissipa peu à peu, et je la vis comme auparavant avec un attachement respectueux, mais sans aucune émotion. En racontant ceci je puis attester que, pendant le temps où son image étoit sans cesse présente à mon esprit, je n'ai jamais eu une pensée que je n'eusse pu avouer sans la faire rougir. Soit que les affections produites par le magnétisme aient quelque chose de dégagé des sens, soit que la confiance et l'amitié dont on m'honoroit dans la famille écartassent de moi toute idée répréhensible.

Voici l'autre anecdote.

J'ai guéri un malade que j'endormis dès le premier jour, et qui, dans une semaine, eut repris les forces et la santé qu'il avoit perdues depuis six mois. Je continuai à le magnétiser pendant quinze jours ou trois semaines. C'étoit un chef d'ouvriers qui surveilloit les autres ouvriers au jardin et dans les champs. Sitôt qu'il pouvoit quitter son travail il se rendoit auprès de moi ; il étoit heureux de me voir : si j'étois à la promenade, il venoit me joindre, et me suivoit comme un chien suit son maître. On dira que c'étoit reconnoissance : je ne puis prouver le contraire ; mais pour moi, qui ai bien observé les circonstances, je suis bien convaincu qu'il y avoit autre chose, et que c'étoit un effet du rapport que le magnétisme avoit établi entre nous. Quinze jours après que j'eus cessé de le magnétiser il continua de me témoigner de la reconnoissance, mais il n'avoit plus le besoin de me voir.

On conçoit que ce sentiment tendre, ce désir d'être ensemble, quoiqu'ils aient une source bien pure, peuvent, entre des personnes de différent sexe, avoir des inconvéniens, et que le plus sage est de ne pas s'y exposer. Je dois ajouter que j'ai souvent employé le magnétisme avec succès sans apercevoir les mêmes effets.

Passons aux dangers du magnétisme dans le traitement des maladies.

Ces dangers peuvent tenir, 1° à l'agent en lui-même ; 2° à l'impéritie, à l'imprudence ou à l'enthousiasme du magnétiseur.

Le magnétisme est un agent très-actif : quelquefois il porte sur les nerfs. M. Mesmer regardoit cet effet comme une crise toujours salutaire. Cela peut être ; mais j'avoue que cela ne m'est pas assez prouvé pour que j'osasse continuer le traitement lorsque je vois qu'il commence par faire mal. Je ne crains point une douleur dans le siége d'une obstruction : cette douleur annonce un travail nécessaire à la guérison ; mais je redoute tout ébranlement nerveux, et dans ce cas je tâche de calmer, je diminue peu à peu l'action, et je discontinue. Je sais bien que plusieurs magnétiseurs diront que c'est pusillanimité ; mais je ne puis conseiller aux autres une hardiesse que je n'aurois pas moi-même.

Dans quelques circonstances le magnétisme, administré à des gens très-malades, m'a paru produire des accidens qu'il faut éviter. S'il est calmant, il est aussi tonique, et il est des cas où il faut affoiblir et non fortifier le malade.

J'ai souvent entendu dire : *Si le magnétisme ne fait pas de bien, il ne fera pas de mal.* Cela n'est pas exact ; et nous savons, par les somnambules, que le magnétisme, comme tout autre remède, ne doit être donné qu'à la dose convenable, et que, lorsqu'il produit des effets bien prononcés, il ne faut pas pousser ces effets trop loin.

Au reste il est facile d'éviter tout danger à cet égard. Lorsque le magnétisme fait mal on s'en aperçoit, et sitôt qu'on a quelque crainte on discontinue. Il n'en est pas de lui comme des autres remèdes ; il ne se donne pas tout à la fois, mais peu à peu, et l'on est toujours à temps de cesser avant qu'il n'incommode. J'ai parlé plus haut de son application aux maladies, et j'ai distingué les maladies auxquelles il me paroissoit plus particulièrement convenir.

Venons maintenant aux dangers qui naissent de l'impéritie, de l'imprudence ou de l'enthousiasme.

Si vous magnétisez mal, si au lieu de songer à guérir vous cherchez à faire des expériences, si vous manquez d'assiduité dans un traitement, si vous exposez vos malades à être vus par des étrangers, si vous interrompez une crise commencée, si vous éveillez brusquement votre malade, si vous vous obstinez à employer des procédés qui le contrarient, si vous êtes d'une mauvaise santé, ou que vous soyez agité par quelque passion, vous pourrez fatiguer votre malade, ou même lui faire beaucoup de mal. Tout cela peut être évité : suivez exactement la marche que je vous ai tracée, et aucun de ces inconvéniens n'aura lieu.

Il est de la plus grande imprudence de commencer un traitement lorsqu'on n'est pas résolu de le suivre. La première action du magnétisme produit quelquefois une crise qui dérange l'ordre établi et qui porte le trouble dans l'économie animale : les suites de ce trouble, qui tendoit à la guérison, deviennent funestes si l'on ne soutient le malade jusqu'à ce que la crise soit terminée.

Les magnétiseurs qui s'effraient d'une crise lé-

gère, qui ont alors recours à des moyens étrangers, qui doutent de leur puissance, qui sont
incertains dans leurs procédés, peuvent aussi
faire beaucoup de mal.

L'enthousiasme peut entraîner dans un excès
contraire, et dont il n'est pas moins essentiel de
se garantir, c'est celui d'annoncer qu'on guérira
un malade, parce qu'on lui a d'abord fait quelque bien, et de l'engager à renoncer aux remèdes de la médecine. Je désirerois prévenir les
jeunes magnétiseurs contre ce danger. Ils pourront
quelquefois réussir, mais ils pourront aussi se tromper ; et alors quel regret n'auront-ils pas d'avoir
abandonné la médecine ordinaire à laquelle on
sera forcé de revenir ! La médecine n'auroit pas
mieux guéri, je le veux bien, mais on n'auroit pas
de reproches à se faire. Dans les maladies graves
il ne faut donc employer le magnétisme que de
l'aveu du médecin. Dans les maladies chroniques,
où il n'y a nul inconvénient à suspendre les remèdes pendant quelques jours, on peut essayer,
si le malade le désire. J'ai déjà dit cela, mais je
ne saurois trop le répéter.

Dans l'intérieur des maisons le magnétisme
peut avoir des inconvéniens qui naissent des
rapports antérieurs établis entre les personnes.
Ainsi j'ai vu des maîtres se faire magnétiser par
leurs domestiques. Cela n'est praticable qu'au-

tant que le domestique est extrêmement attaché à son maître et qu'il a toute sa confiance. Mais une femme peut magnétiser sa servante, un maître son domestique, dans le cas où ceux-ci sont vraiment malades, et où ils sont persuadés que c'est pour les guérir qu'on leur donne des soins.

Un malade ne doit point être magnétisé par plusieurs magnétiseurs : quelquefois l'action de deux magnétiseurs n'a point d'analogie, et le second fait plus de mal que de bien. Quand on est obligé de se faire suppléer, il faut commencer par établir le rapport et prendre les précautions que j'ai indiquées. Par la même raison, dans les traitemens nombreux, les magnétiseurs subalternes ne doivent se regarder que comme les aides ou les instrumens du chef.

Le magnétisme peut causer des convulsions lorsqu'il est appliqué à contre-sens, par exemple, en remontant des pieds à la tête, ou bien avec d'autres circonstances qui contrarient l'action et la marche naturelle du fluide. J'ai vu faire de ces sortes d'essais, soit par curiosité, soit par amusement : j'avertis qu'ils peuvent avoir les conséquences les plus fâcheuses, et qu'un magnétiseur ne doit jamais se permettre de faire des expériences pour amuser une société.

Le magnétisme donne quelquefois une force extraordinaire : on ne doit jamais permettre que

le malade en abuse, comme on est naturellement porté à le faire, pour prouver qu'on a produit un effet remarquable.

J'ai vu souvent le magnétisme faire mal dans
les temps d'orage et lorsque l'atmosphère est
chargée d'électricité, et j'ai déjà dit qu'il falloit
éviter de magnétiser dans ces momens-là. Je
crois, d'après plusieurs expériences, que l'électricité fait mal à ceux dont le magnétisme a
rendu la sensibilité plus vive.

Lorsqu'on voit que le magnétisme agit, on
est quelquefois tenté de faire des efforts pour
augmenter les effets : il faut au contraire continuer paisiblement, sans quoi l'on s'expose à déranger le travail de la nature.

Le magnétisme a d'autres dangers encore lorsqu'on a produit le somnambulisme. Un magnétiseur imprudent ou enthousiaste peut exalter la
tête de ses somnambules jusqu'à la folie ; il peut
les désorganiser en exigeant trop d'eux, en en
faisant des objets de curiosité, en ayant une confiance aveugle à leurs prédictions, à leurs prévisions, à leurs conseils, en leur faisant sans précaution toucher des malades, etc. Mais j'en ai dit
assez sur cet objet à l'article du somnambulisme.

Enfin un dernier danger du magnétisme ,
c'est d'entraîner ceux qui voient des effets merveilleux dans des systèmes exagérés ou extrava-

gans, de les porter à expliquer des phénomènes inexplicables, à croire des choses contraires au bon sens. Les principes que j'ai donnés peuvent mettre à l'abri de ce danger; mais je crains bien que les incrédules ne disent que je n'y ai pas échappé moi-même (1).

---

(1) Je n'ai dissimulé aucun des inconvéniens du magnétisme; ceux qui lui en ont supposé d'autres, ou n'en avoient aucune notion, ou l'ont jugé sur de fausses apparences. Ainsi on a prétendu que le somnambulisme pouvoit conduire à l'oubli de la décence, et cela est absolument faux; jamais une pensée contraire à l'honnêteté ne peut s'éveiller chez celui qui est dans l'état de somnambulisme. Mais le somnambule, précisément parce qu'il n'a aucune idée ni aucun désir répréhensible, est moins attentif à conserver les bienséances de convention, et s'il les oublie, c'est au magnétiseur à les lui rappeler. J'ai, par exemple, entendu des somnambules tutoyer leur magnétiseur; et comme cette inconvenance m'a blessé, je dois dire quelle en est la cause et quel est le moyen de l'éviter. Le somnambule ne voit dans celui qui le magnétise qu'un être qui prend intérèt à lui, et non un homme qui est son supérieur dans l'ordre social, et il adopte pour lui répondre les mêmes formes de langage que celui-ci a employées pour lui adresser la parole; mais il ne prendra jamais l'initiative : d'où il suit qu'on ne doit point tutoyer un somnambule, à moins que ce ne soit un ami avec lequel on étoit auparavant sur ce ton de familiarité.

On a craint que le somnambulisme n'exposât à commettre des indiscrétions : cela est impossible. Le somnambule est très-éclairé sur ses devoirs et ses intérèts, et il ne fera ni ne dira jamais rien qui y soit contraire. S'il montre à son magnétiseur plus de confiance qu'il ne l'auroit fait dans l'état de veille, c'est parce que sa pénétration lui donne la certitude que cette confiance est bien placée.

CHAPITRE X.

Exposition de quelques faits que j'ai observés moi-même.

————

J'AI suivi pendant vingt-cinq ans la pratique du magnétisme ; j'ai eu le bonheur de guérir plusieurs malades ; j'ai eu des somnambules, et j'en ai observé chez mes amis, en coopérant au traitement. Je pourrois en conséquence raconter beaucoup de faits dont j'ai été témoin, que j'ai vérifiés avec un soin scrupuleux, dont j'ai pris note dans le temps, et sur lesquels j'ai toute la certitude possible de ne pas être dans l'erreur. Mais je crois inutile de publier de nouvelles relations semblables à celles que nous avons déjà : ceux qui ne connoissent pas le magnétisme n'y feroient aucune attention, ceux qui le connoissent n'en ont pas besoin.

Je me bornerai donc à rapporter ici quelques faits qui me semblent offrir des circonstances peu connues, et qui peuvent donner de nouvelles lumières. Je dois pour cela raconter d'abord comment je me suis convaincu de la réalité du magnétisme.

Lorsque je lus pour la première fois, en 1785, le détail des cures opérées à Busancy, tout cela me parut une folie. Je soupçonnai même qu'on avoit voulu tourner en ridicule les partisans du magnétisme, en racontant des prodiges qui révoltoient le bon sens. Cette lecture ne fit donc que dissiper la curiosité que m'avoit auparavant inspirée la relation des cures faites par M. Mesmer.

Je vivois alors à la campagne près de Sistéron, et je passois les automnes avec un ami qui résidoit à Aix le reste de l'année. J'appris que cet ami, homme d'une raison froide et d'un esprit éclairé, étoit allé voir M. Mesmer chez M. Servant; que, de retour à Aix, il avoit essayé de magnétiser, et qu'il avoit une somnambule. Je résolus d'aller le trouver pour m'assurer si cela étoit vrai.

Je fis le voyage à pied, en herborisant; le second jour j'arrivai à Aix à midi, après avoir couru depuis quatre heures du matin. J'entre chez mon ami, je lui expose le motif de mon voyage; je le prie de me dire ce qu'il faut penser des prodiges qu'on m'a racontés; il sourit et me répond froidement : *Restez et vous verrez ce que c'est, la malade doit venir à trois heures.*

A trois heures, en effet, la malade arrive avec quelques personnes qui devoient faire la chaîne. Je me mets à cette chaîne, et je vois, après quelques minutes, la malade s'endormir. Je regardois avec étonnement ; mais je ne pus longtemps regarder : dans moins d'un quart d'heure je m'endormis moi-même. Pendant mon sommeil je parlai beaucoup, et je m'agitai de manière à troubler la chaîne : ce que j'ai su parce qu'on me le dit quand je fus éveillé, et que je vis rire tout le monde autour de moi, car je n'en ai aucun souvenir. Le lendemain je ne m'endormis point, j'observai le somnambulisme, et je priai mon ami de m'instruire des procédés.

De retour chez moi, je fis l'essai du magnétisme sur les malades qui habitoient les hameaux voisins de ma maison de campagne. Je me gardai bien d'agir sur leur imagination ; je les touchois sous divers prétextes, en leur persuadant que de légères frictions leur feroient du bien. J'obtins ainsi des effets curieux et salutaires qui fortifièrent ma croyance.

A la fin de l'automne j'allai à la ville ; je m'adressai à un jeune médecin, homme de beaucoup de mérite, qui avoit la sagesse de douter, et le désir de fixer son opinion par des expériences. Je le priai de m'indiquer une personne assez malade pour que, si le magnétisme la guérissoit, la preuve fût concluante, mais dont l'état ne fût cependant pas assez dangereux pour que je dusse craindre de la voir mourir pendant le traitement.

Il me conduisit chez une femme malade depuis sept ans. Cette femme souffroit habituellement les plus cruelles douleurs ; elle étoit extrêmement enflée ; elle avoit à la rate une obstruction très-volumineuse, et qui se montroit au dehors ; elle ne pouvoit ni marcher, ni se coucher à plat. Je produisis chez elle des crises de sueur et d'urine ; le sang reprit son cours naturel, l'enflure et l'obstruction disparurent, et je la mis en état de sortir et de vaquer à ses affaires. Elle s'endormoit lorsque je la touchois, mais elle n'étoit point somnambule. Elle me trouvoit une odeur qu'elle comparoit à celle du fer. C'est chez elle que je faisois faire une chaîne où l'attention étoit fixée par des moyens dont j'ai fait mention à l'article des procédés.

Bientôt après, M. D., mon ami intime, magnétisa une demoiselle de seize ans, fille de parens respectables et très-considérés. Cette demoiselle devint somnambule. J'assistai au traitement ; elle nous dictoit des consultations pour des malades, et des principes pour la guérison des maladies. C'étoit moi qui lui faisois des questions auxquelles elle ne pouvoit être préparée, et qui écrivois les réponses. Je n'ai jamais connu de somnambule plus parfaite. Elle nous a présenté la plupart des phénomènes observés par M. de Puységur, par M. Tardy et par les membres de la société de Strasbourg. Parmi ces phénomènes il en est que je ne puis ni expliquer, ni concevoir. J'atteste seulement que je les ai vus, et que, d'après les détails, il m'est impossible de supposer ni la moindre illusion, ni l'idée de tromper, ni même la possibilité de le faire. J'ai encore les cahiers originaux écrits pendant les séances. Je n'en extrais rien ici, parce que ce sont les mêmes phénomènes dont on a parlé, et qu'il suffit d'en avertir. Quand je les transcrirois, cela n'ajouteroit rien à la preuve.

Quelque temps après je magnétisai un jeune homme de mes amis, âgé de vingt-deux ans, qui depuis quelques jours étoit incommodé. Il n'avoit pas grande confiance au magnétisme, et il regardoit l'état de somnambulisme comme une sorte de folie dans laquelle il n'auroit pas voulu tomber. Je parle de celui-ci, parce qu'il m'a présenté deux ou trois phénomènes qui peuvent donner quelques lumières.

J'étois seul avec lui, à six heures du soir, au mois de septembre. A peine l'eus-je touché, qu'il s'endormit d'un sommeil qui tenoit de la catalepsie ; ses bras, ses doigts restoient dans la position où je les mettois. Il conservoit seulement la faculté de faire un léger mouvement de la tête. Je lui fis plusieurs questions ; il ne répondit à aucune : seulement lorsque je lui demandai s'il vouloit être éveillé, il fit un signe de tête pour me dire que non. Ce ne fut qu'à onze heures qu'il consentit à rentrer dans l'état naturel. Après son réveil, il croyoit qu'il n'étoit que sept heures, et son étonnement fut extrême quand il sut combien de temps il avoit dormi.

J'eus bien de la peine à obtenir qu'il consentît à être encore magnétisé ; j'y réussis enfin. Pendant une semaine, tous les jours mêmes phénomènes : seulement le sommeil étoit moins long.

Je le magnétisois depuis six jours, lorsque M.*, élève de M. Mesmer, vint à Sistéron. On juge bien que j'allai le voir et que je lui parlai de mon somnambule. M.* étoit un enthousiaste qui prétendoit avoir fait des choses prodigieuses : il avoit une foi très-vive ; mais aussi je ne sais ce qu'il ne croyoit pas (1).

Si votre somnambule ne parle point, me dit M.*, c'est que vous ne savez pas le vouloir : veuillez qu'il parle, ordonnez-lui de parler, et il parlera.

Je proposai à M.* de venir voir mon somnambule. Je lui donnai rendez-vous chez moi pour l'heure où je savois qu'il seroit endormi, et il y

---

(1) M.* étoit d'ailleurs un homme distingué par son esprit et ses connoissances, et respectable par son zèle pour le bien.

int. Il se plaça sur une chaise à deux pas de moi ; il regardoit mon somnambule sans rien dire tandis que je magnétisois.

Quelques momens après il tire de sa poche une baguette d'acier : présentez cela à votre somnambule, me dit-il ; je la prends et la lui présente sur l'estomac. A l'instant mon somnambule éprouve un frémissement convulsif qui m'effraya d'autant plus que je ne lui avois point encore vu faire de mouvement. Je rendis la baguette à M.*, et il sortit. Mon somnambule garda toujours le silence.

Le lendemain je le mets en crise, même immobilité ; mais au bout d'une heure il étend les jambes et les bras, et se frotte les yeux comme quelqu'un qui s'éveille. Je crus en effet qu'il s'éveilloit : point du tout : ses yeux restent fermés, et, après avoir soupiré, il dit : *Bon Dieu ! que ce fluide qui est venu hier m'a fait de mal ! Il a voulu me faire parler ; eh bien, je parle.* Je lui demandai quel tort cela lui avoit fait ; il me répondit qu'il auroit eu besoin de rester encore quelques jours sans parler pour arranger ses idées ; qu'il seroit devenu un très-bon somnambule, mais que le travail ayant été interrompu, il ne seroit jamais bien clairvoyant. Je lui dis de rentrer dans l'état où il étoit auparavant et de garder le silence aussi long-temps qu'il le jugeroit à propos ; il me répondit que cela n'étoit pas possible. Il ajouta, et ceci, pour être fort extraordinaire, n'en est pas moins vrai, *lorsque ce fluide* (1) *est entré, je m'occupois de remèdes ; je pensois au séné ; j'avois déjà pensé à la manne, à la casse, à la rhubarbe*, etc.

Mais, lui dis-je, puisque cela devoit vous nuire, pourquoi avez-vous consenti à parler ? — C'est que je n'ai pu résister à ce fluide. — Mais ce n'étoit pas lui qui vous magnétisoit, et je ne vous ai pas forcé de parler. — Non, mais vous ne vous êtes pas opposé à sa volonté. Ce fluide a une volonté forte ; je ne voudrois pas être magnétisé par lui ; je craindrois qu'il ne me rendît fou. (En effet, les somnambules de M.* voyoient des choses fort extraordinaires.) — Mais, lui dis-je, est-ce que je n'ai pas aussi une volonté forte ? — Oui, me répondit-il ; mais c'est une volonté calme, qui ne tend qu'à me guérir. — Pendant cette conversation, M.* frappe à ma porte. Mon somnambule ne savoit pas que c'étoit lui, mais il le sentit, et me témoigna son inquiétude. On juge bien que je ne laissai pas entrer M*.

Mon somnambule devint cependant assez clair-voyant ; il me décrivoit ses maux, leur cause et

______

(1) Il y a dans le langage de mon somnambule quelques expressions singulières. J'ai cru devoir les conserver ; mais je ne puis deviner pourquoi il les employoit.

e remède avec une extrême précision. Il me
prévint que, s'il savoit une fois qu'il avoit parlé
pendant son sommeil, il ne consentiroit plus à se
laisser magnétiser. J'eus l'imprudence de le faire
voir à quelqu'un qui lui laissa deviner qu'il parloit, et dès-lors il ne me fut plus possible de le
déterminer à revenir. Mais avant cette interruption il me présenta quelques phénomènes singuliers.

Il avoit une extrême sensibilité, et de la disposition à la mélancolie ; mais il étoit d'un carac-
ère tranquille. Il avoit passé deux ans à Candie.
Un jour que je lui parlois de ce pays, il me dit
qu'il en avoit oublié la langue, mais que si dans
ce moment il se trouvoit avec quelqu'un qui la
ût, il s'en souviendroit et la parleroit avec plaisir.
Je ne pouvois le vérifier ; mais je lui demandai
s'il se souvenoit des livres qu'il avoit lus ; il me
répondit qu'il se souvenoit de ceux qui l'avoient
affecté ; qu'étant à Candie il avoit lu un livre
bien triste, et qui lui faisoit impression. Je lui
demandai ce que c'étoit ; il me répondit qu'il
n'en savoit pas le titre. Je lui demandai s'il pourroit m'en citer quelque chose : tant que vous
voudrez, me répondit-il, et il se mit à me réciter
la Nuit de Narcisse d'Young précisément comme
s'il la lisoit.

Je suis bien sûr qu'étant éveillé il ne savoit

pas les Nuits d'Young par cœur. Je crois même que personne ne les sait en prose française, et d'ailleurs il ne faisoit de la littérature qu'un amusement.

Je cite ce fait comme très-remarquable, parce qu'il prouve que dans l'état de somnambulisme les sensations dont on a été affecté pendant la veille se retracent dans toute leur vivacité. Mon somnambule relisoit pour ainsi dire la Nuit de Narcisse. Le lendemain je m'assurai qu'il m'avoit récité deux pages, et je ne crois pas qu'il eût changé un mot.

On voit que plusieurs des phénomènes que présentent les somnambules peuvent être expliqués par celui-là.

Un jour nous étions allés ensemble à la campagne ; nous y restâmes jusqu'à six heures. A six heures et demie nous étions sur la route à une lieue de la ville : c'étoit l'heure où j'avois coutume de le magnétiser. Il me dit qu'il étoit accablé de sommeil. J'aurois dû le distraire et m'opposer de toutes mes forces à ce qu'il s'endormît ; mais alors je ne résistois pas au désir de faire des expériences. Je l'arrête ; je lui mets pendant une minute la main sur les yeux, et je lui dis avec volonté, *dormez et marchez ;* à l'instant ses yeux sont fermés ; il soupire et il marche.

La route étoit longue et le chemin fort mauvais : quelquefois il me disoit, *je suis bien fatigué, sommes-nous loin ?* Je lui proposai de s'asseoir ; il s'assit sur une pierre et me dit en se plaignant : *cette chaise est bien froide.* Nous rencontrâmes quelques personnes ; il me disoit, *voilà un fluide qui passe.* Rendu chez moi je l'éveillai, et les deux jours suivans il fut malade de fatigue.

Les phénomènes qu'il me présenta dans la suite sont les mêmes qu'on trouve dans diverses relations.

Voici un fait d'un autre genre, et que je rapporte parce qu'il offre quelques circonstances qui peuvent intéresser les métaphysiciens.

J'étois en Artois dans une campagne située à une demi-lieue de la petite ville de Pernes. La femme d'un notaire de cette ville étoit depuis deux ans malade d'une hémiplégie. Tout le côté droit de son corps étoit privé de mouvement ; elle ne pouvoit transporter sa main droite d'une place à une autre qu'en la prenant avec la main gauche. Elle voyoit et jugeoit bien ce qui se passoit autour d'elle ; mais elle avoit perdu la faculté de lire, celle de compter et celle de parler le français comme nous le faisons : ce n'étoit point embarras dans la langue, et ce phénomène est bien singulier.

En parlant elle n'employoit absolument que l'infinitif des verbes, et elle ne faisoit usage d'aucun pronom. (Je crois que la langue de quelques peuples sauvages est ainsi privée de modifications.) Ainsi elle disoit très-bien : *souhaiter bon jour ; rester, mari venir*, pour me dire, *je vous souhaite le bon jour, restez, mon mari va venir.* Mais elle ne faisoit absolument aucune conjugaison. Quant à la faculté de compter, elle alloit jusqu'à trois seule, et jusqu'à quatre étant aidée. Ainsi, lorsqu'on lui présentoit trois pièces de monnoie, elle comptoit fort bien *un, deux, trois ;* si on en mettoit une quatrième, elle disoit *savoir pas ;* si on lui disoit quatre, elle répétoit *un, deux, trois, quatre ;* mais si on ajoutoit une cinquième pièce, on avoit beau lui répéter *cinq,* elle répondoit toujours *savoir pas.*

J'entrepris de la magnétiser. Le premier jour elle éprouva de la chaleur et des picotemens dans le bras, quelques jours après du mouvement dans les doigts, et au bout de quinze jours elle remua son bras, ce qui fit beaucoup de sensation dans la ville. Peu à peu elle reprit la faculté de compter ; tous les jours elle avançoit : lorsque je partis, elle alloit jusqu'à quarante ; elle rapprenoit à lire, et lisoit en épelant. Elle me disoit : *Auparavant, pouvoir pas dire je, vous, tu, il ; à présent, dire bien.* On voit par cette phrase qu'elle n'avoit pas encore repris l'habitude de se servir des pronoms, mais qu'elle en concevoit l'usage. Je lui faisois répéter *je vous souhaite le bon jour.* Dans le commencement elle m'auroit dit, *savoir pas.*

Je la quittai dans cet état, laissant à son mari le soin d'achever sa guérison. Mais les événemens de la révolution ayant interrompu mes relations avec elle, je ne sais si elle a été entièrement guérie. Quoi qu'il en soit, ce rapport de l'intelligence avec le langage m'a paru digne d'être remarqué.

J'ai magnétisé un médecin qui dans son somnambulisme ne voyoit nettement qu'autant que je lui tenois la tête. Il me dit que si on le magnétisoit trop et sans précaution, on pourroit lui occasioner un engorgement au cerveau, ce qui montre que le magnétisme peut avoir des inconvéniens.

J'ai vu une femme hydropique, à qui on avoit fait plusieurs fois la ponction, devenir somnambule. Dans cet état, elle présentoit ses mains devant son magnétiseur, comme devant un poêle ; elle se chargeoit ainsi de fluide, et se magnétisoit ensuite elle-même, en se passant les mains sur tout le corps, de haut en bas, avec beaucoup de dextérité.

Dans le même endroit il y avoit une somnambule épileptique, d'un esprit fort borné, et ex-trêmement dévote. Dans son somnambulisme elle voyoit des anges se poser sur tout ce que touchoit son magnétiseur. Je fus curieux de savoir ce que c'étoit que ces anges. Un jour que son magnétiseur étoit absent, il me permit de le suppléer ; la somnambule vit les anges, mais moins beaux, moins brillans. Je m'assurai que ces anges n'étoient autre chose que la lumière du fluide, qui étoit bien moins vive lorsqu'il émanoit de moi que lorsqu'il émanoit de son magnétiseur.

J'avois guéri radicalement une femme d'une hydropisie. Cette femme avoit eu, avant son hydropisie, un léger sentiment de douleur dans la région du bas-ventre. Un jour que je la ma-gnétisois, deux mois après qu'elle avoit été dé-barrassée de l'hydropisie, elle me dit que lorsque je présentois ma main à distance, vis-à-vis du bas-ventre, et que je la remuois, il lui sembloit que ma main remuoit dans l'intérieur de son corps. A côté de cette femme, qui étoit domes-tique, étoient sa maîtresse et le frère de sa maîtresse. Ils tenoient une main sur elle et une sur moi. Je voulois les magnétiser aussi, parce qu'ils avoient été incommodés. Comme je pas-sois plusieurs fois la main devant l'un et l'autre, ma bonne femme me dit en propres termes :

C'est singulier, lorsque vous passez la main devant madame, je la sens remuer dans mon corps comme quand vous la passez devant moi. Mais, lui dis-je, est-ce que vous ne sentez pas la même chose quand je passe la main devant monsieur? *Non,* me répondit-elle, *quand vous passez la main devant monsieur, je ne sens rien.* Ce fait m'a paru très-remarquable. Il est clair que la femme que je magnétisois n'éprouvoit cette sensation que par la correspondance des organes intérieurs qui appartenoient à son sexe.

Le traitement d'une fille de seize ans, qui depuis trois mois souffroit de vives douleurs, et ne pouvoit marcher, m'a présenté une circonstance dont je dois faire mention. L'effet du magnétisme s'annonça dès le troisième jour par la diminution des douleurs et par le retour du sommeil, et dans un mois elle fut guérie. Mais quoiqu'une chaîne de douze personnes rendît l'action très-énergique, elle n'éprouvoit pas la plus légère sensation ; elle ne sentoit pas même la chaleur de ma main devant le visage. Pendant le traitement, il lui survint un orgelet (1). Je tournai le pouce devant son œil pour dissiper ce petit bouton. Elle sentit alors dans l'œil une chaleur si vive qu'elle s'écria : *Vous me brûlez !*

---

(1) Petit bouton à la paupière.

On voit par-là que la même personne peut éprouver des sensations remarquables, ou n'éprouver aucune sensation, selon le genre de maladie dont elle est affectée, et que dans les deux cas elle peut être également guérie. On voit encore que cette sensibilité peut se manifester dans une incommodité légère, tandis qu'elle ne se sera pas manifestée dans une maladie grave.

Un homme de ma connoissance, très-éclairé et très-bon observateur, étoit depuis quelque temps sujet à des maux de tête qui se faisoient sentir lorsqu'il s'étoit livré à l'étude avec trop d'application. Il a voulu profiter de cette circonstance pour essayer si le magnétisme produiroit quelque effet sur lui. Il s'est en conséquence fait magnétiser par son frère, en lui recommandant de concentrer l'action sur la tête, et de tâcher de l'endormir. Les maux de tête se sont dissipés sans qu'il ait éprouvé le moindre assoupissement ; mais au bout de huit à dix jours il a été fort surpris d'avoir acquis une faculté très-singulière, celle d'apercevoir dans l'obscurité les objets de couleur blanche lorsqu'il a les yeux ouverts, et de les apercevoir de même pendant le jour, en ayant les yeux fermés. Comme ce phénomène annonçoit dans l'organe de la vision une irritabilité qu'il seroit peut-être dangereux d'augmenter, il n'a pas jugé à propos de pousser plus loin l'expérience. Un mois après il conservoit encore la même faculté. J'ai consulté à ce sujet une somnambule ; elle m'a dit que cela venoit d'une accumulation de fluide dans le cerveau, et que la personne dont je lui parlois feroit bien de se faire magnétiser à grands courans, pour rétablir l'équilibre.

J'ai été dernièrement témoin d'une conversation fort intéressante entre deux somnambules qui ne se connoissoient point ; elles se sont réciproquement consultées sur leurs maux : si elles eussent été bien clairvoyantes, elles auroient été parfaitement d'accord. C'est ce qui n'est point arrivé : chacune a vu une partie des maux de l'autre, mais sans les voir tous, ce qui produisoit une différence notable dans le traitement. Une troisième somnambule a été présentée à la première ; celle-ci a fort bien reconnu quel étoit l'organe affecté ; mais les détails qu'elle a donné sur la lésion de cet organe annonçoient qu'elle ne voyoit pas distinctement la nature de la maladie.

Je ne doute point que ces trois somnambules ne vissent très-clairement leur propre état ; mais il m'est démontré qu'elles n'ont pas vu de même l'état de celle avec qui on les a mises en rapport ; d'où il suit qu'on peut obtenir par les somnambules des indications très-utiles, mais que c'est le comble de l'imprudence de s'en rapporter à eux pour les remèdes, sans avoir soumis leurs consultations au jugement d'un médecin.

Je terminerai ce chapitre par le récit d'un fait qui vient de se passer sous mes yeux. Je le rapporte parce qu'il tend à réfuter, par une expérience directe, des erreurs dans lesquelles quelques magnétiseurs enthousiastes se sont laissé entraîner, quoiqu'elles fussent combattues par la philosophie.

Madame de ***, mère de deux enfans dont elle est uniquement occupée, étant malade depuis quelques jours, son mari a essayé de la magnétiser, et dès la première fois il l'a mise en somnambulisme. Dans cet état, madame de *** a annoncé ses crises et l'issue de sa maladie, et elle a donné d'utiles conseils pour un de ses enfans qui étoit indisposé. Son mari, enchanté de la pénétration qu'elle montroit, et de la facilité avec laquelle elle s'énonçoit, l'a laissé parler sur divers sujets, et, après sa guérison, il a continué à la mettre en somnambulisme par curiosité. Bientôt l'imagination de madame de *** s'est exaltée, et elle a vu les choses les plus extraordinaires. Elle a indiqué à son mari le lieu où étoient cachés des papiers importans pour sa famille. Ces papiers, disoit-elle, y avoient été déposés dans des temps de trouble par un de ses parens, mort depuis plusieurs années, qui lui apparoissoit et lui donnoit tous les renseignemens possibles pour les retrouver.

Les visions de madame de*** s'étant prolongées pendant trois mois sans qu'elle en conservât le moindre souvenir dans l'état de veille, et tout ce qu'elle disoit étant parfaitement lié, son mari, qui ne voyoit dans tout cela qu'un phénomène incompréhensible, s'est cependant déterminé à vérifier les faits, pour savoir d'une manière positive à quoi s'en tenir. Il s'est en conséquence transporté dans l'endroit qui lui avoit été désigné, et non-seulement il n'a rien trouvé, mais il s'est assuré que les lieux qui lui avoient été décrits ne ressembloient nullement à la description, et qu'il n'y avoit rien de vrai dans les visions de sa femme.

Je suis persuadé que, si l'on prenoit les mêmes précautions pour vérifier tous les phénomènes qui semblent tenir à un ordre surnaturel, on obtiendroit le même résultat, et que l'expérience confirmeroit ce qui est déjà établi par la saine philosophie.

Je crois devoir ajouter qu'une somnambule sage et clairvoyante ayant été mise en communication avec madame de***, elle a prononcé affirmativement que tout ce que cette dame croyoit voir n'étoit qu'une illusion ; qu'en l'occupant de ces folies on excitoit un mouvement dangereux dans le cerveau, qu'il pouvoit en résulter une maladie de nerfs, et qu'il falloit éviter de la mettre en somnambulisme.

Il est probable que cet ébranlement du cerveau n'eût pas eu lieu si on n'eût parlé à madame de*** que de sa maladie, et qu'alors le somnambulisme auroit cessé aussitôt après la guérison.

Ce phénomène d'une suite de visions parfaitement liées est bien digne de l'attention des physiologistes et des métaphysiciens. Il s'est quelquefois manifesté spontanément, et je crois qu'on peut en citer un grand exemple dans le fameux Swedenborg, qui pendant vingt-sept ans a voyagé dans le monde des esprits, et qui a écrit tout ce qu'il y avoit vu. L'état de Swedenborg étoit semblable à celui des somnambules visionnaires, dont je viens de donner un exemple, avec cette seule différence que chez ceux-ci le somnambulisme n'est pas continu, et présente un contraste frappant avec l'état de veille.

Au reste, ce n'est qu'avec la plus grande réserve qu'on peut faire des expériences à ce sujet, parce qu'il est toujours dangereux d'exciter l'irritabilité du cerveau.

Les visions de madame de*** ont cessé tout à coup par une circonstance qui prouve l'empire du magnétiseur sur les idées du somnambule.

Un de mes amis, qui est doué d'une grande force, ayant été prié par le mari de madame de*** de la magnétiser ; il l'a fait avec une volonté déterminée de dissiper les visions qui la poursuivoient. Après une heure de crise, elle lui a dit : *Il se fait en moi une révolution singulière ; il semble que le fluide pénètre tous les plis de mon cerveau.* Ensuite elle a senti un frémissement qui descendoit de la tête aux pieds ; et dès ce moment son somnambulisme a tellement changé de caractère, qu'elle a entièrement perdu le souvenir des folies qui l'avoient occupée pendant quatre mois. L'ordre de ses idées se trouvant ainsi rétabli, son mari a résolu de ne la magnétiser désormais qu'autant qu'elle seroit malade, et seulement pour la guérir.

Il paroît qu'en disant, le fluide pénètre les *plis de mon cerveau,* madame de*** avoit eu l'intention de choisir un terme propre à rendre la sensation qu'elle éprouvoit. Un jour qu'on la pressoit de s'occuper de ses visions, elle avoit répondu : Quand je pense à cela, il semble que mon cerveau se *déplisse.* Je ne prétends tirer aucune conséquence de cette manière de s'exprimer ; mais elle me paroît d'autant plus remarquable, que madame de*** n'a certainement jamais entendu parler de la théorie de M. le docteur Gall.

Je pourrois ajouter ici un volume d'observations, mais elles seroient semblables à celles qu'on peut lire dans divers ouvrages sur le magnétisme. Il suffit que j'assure qu'elles en offriroient la confirmation. Il est inutile d'entrer dans de plus longs détails.

Je n'ai jamais rien vu qui sorte de l'ordre physique, et qui paroisse appartenir à un ordre surnaturel. Tout me porte à croire que M. Mesmer et M. Tardy de Montravel ont eu raison de reconnoître dans les sensations des somnambules une sorte de toucher intérieur, ou quelque chose d'analogue à l'instinct des animaux, et dans la prévision les calculs rapides de l'intelligence.

CHAPITRE XI.

Des doctrines mystiques et de leur association au Magnétisme.

Après avoir exposé les principaux phénomènes du somnambulisme et les preuves qui en constatent la réalité, il me reste à examiner une objection d'autant plus importante qu'elle tend à renverser sans discussion l'ensemble de ces preuves, et qu'elle est faite par les hommes les plus éclairés, par ceux à qui l'étude des sciences a donné le plus de rectitude d'esprit, par ceux qui, sachant combien nous sommes exposés à l'erreur, travaillent, autant qu'il est possible, à écarter les nombreuses causes qui peuvent nous y entraîner.

Lorsque les géomètres ou les dialecticiens veulent établir une proposition ou un fait, ils ont deux manières de procéder qui sont également rigoureuses : l'une de démontrer directement, l'autre de démontrer l'impossibilité du contraire.

Dans l'ordre physique, si une observation contrarie les lois de la nature, on décide qu'elle est fausse, sans se donner la peine de la répéter.

Dans l'ordre moral, lorsqu'une doctrine conduit à des conséquences dangereuses, il suffit de prouver que ces conséquences y sont renfermées pour avoir le droit de la condamner.

Enfin lorsqu'un système est soutenu par des gens qui s'écartent des notions reçues pour s'abandonner aux rêves de l'imagination, lorsqu'il mène à des absurdités, un homme sage doit le rejeter sans examen : cet examen ne pourroit servir qu'à le réfuter, et la réfutation est inutile : on ne ramène point au vrai ceux qui sont sortis de la route tracée par la raison, et qui ont renoncé aux principes de la logique.

Des faits vrais en eux-mêmes peuvent sans doute être employés à soutenir une théorie erronée, et la fausseté des explications n'autorise point à nier les faits, lorsqu'ils sont reconnus par ceux qui n'admettent pas les explications. Mais s'il arrive que les faits ne soient attestés que par ceux qui les emploient à prouver leur système, on ne doit pas en tenir compte. La bonne foi des témoins ne prouve rien ; car sitôt qu'une idée fausse nous domine, nous sommes disposés à croire toute sorte d'absurdités. Les ouvrages composés dans les siècles de ténèbres sont remplis de prodiges et de miracles. Ceux qui les ont écrits ne prétendoient pas en imposer, et ils étoient aussi persuadés des folies qu'ils raconoient, que nous le sommes des vérités physiques prouvées par l'expérience. Doit-on pour cela discuter leurs témoignages? Diogène ne répondit à un sophiste qui nioit le mouvement qu'en marchant devant lui. C'étoit dire que l'évidence dispense de la dialectique : or s'il y a des sophismes dont on n'a pas besoin de démêler l'artifice pour s'assurer qu'ils ne prouvent pas ce qu'on veut prouver, il y a de même des faits merveilleux qu'il est superflu d'examiner, parce qu'on est sûr d'avance qu'ils ne peuvent être vrais. La marche du philosophe seroit retardée, s'il s'arrêtoit à combattre des chimères. Peut-être même la sagesse nous défend-elle de nous exposer à la contagion des enthousiastes, comme aux subtilités des sophistes. Ainsi un fait extraordinaire ne doit être vérifié qu'autant que ceux qui l'attestent sont des hommes éclairés et qui ont toujours donné des preuves de raison et de bon sens.

Voilà ce que disent les philosophes, et je suis parfaitement de leur avis. Mais il me semble que dans certains cas, et particulièrement sur l'objet dont nous nous occupons, ils ont poussé trop loin l'application de ces principes. Écoutons d'abord leurs objections, nous les discuterons ensuite.

Les faits que vous racontez, disent-ils, s'associent aux théories mystiques qui sont le délire de la raison. Vos crisiaques ressemblent à ceux qu'on a vus jadis dans plusieurs sectes d'enthousiastes, à ceux qu'on voit encore aujourd'hui dans quelques assemblées de méthodistes et de quakers. C'est une maladie de l'imagination, souvent convulsive, et presque toujours contagieuse.

Les phénomènes les plus merveilleux du somnambulisme ont été produits et attestés par des illuminés, c'est-à-dire par des visionnaires, qui s'en sont servis pour prouver leur théorie, et qui par ce moyen ont entraîné beaucoup de gens dans leurs opinions. L'expérience de ces conséquences funestes doit nous mettre en garde contre les illusions qui les ont produites ; et il nous suffit de les connoître pour nous dispenser d'y ajouter foi et d'en discuter les bases. Dans les traitemens magnétiques comme dans les assemblées de trembleurs, on a vu des crisiaques parler avec enthousiasme, et même avec une éloquence surprenante : tout ce qu'on doit en conclure, c'est qu'une cause quelconque les avoit mis dans un état de délire : cette cause ne peut être employée à guérir nos maladies, et nous devons la redouter d'autant plus qu'elle peut égarer la raison.

Voilà, si je ne me trompe, l'objection dans toute sa force. Pour voir si elle est fondée, il faut l'analyser dans toutes ses parties.

« Les phénomènes du somnambulisme tendent à prouver des théories extravagantes, et sont expliqués par ces mêmes théories. »

Non. Il faut dire que ces phénomènes ont été associés à toute sorte d'opinions par ceux qui étoient déjà prévenus de ces opinions : comme les faits physiques sur lesquels tout le monde est d'accord ont été employés à étayer les systèmes les plus absurdes et expliqués par ces systèmes.

On sait que M. Mesmer a été accusé de matérialisme par plusieurs de ses antagonistes : cette imputation étoit injuste ; mais il est vrai que M. Mesmer n'a jamais vu dans l'action du magnétisme que de la matière et du mouvement, et qu'il n'a jamais eu recours au spiritualisme pour expliquer les phénomènes du somnambulisme, ce qui suffit pour prouver que ces phénomènes sont indépendans de toute théorie mystique.

« Les somnambules ont dit des extravagances. »

J'en conviens pour plusieurs d'entre eux : l'état de somnambulisme rend ceux qui s'y trouvent susceptibles des impressions les plus légères. Si on les frappe d'une idée chimérique, si on les introduit dans une carrière d'illusions, alors leur imagination exaltée les entraîne dans toute sorte de rêveries : mais les somnambules qui ont été bien dirigés, ou plutôt qu'on n'a point égarés, ont toujours montré beaucoup de sens et de raison.

Les crisiaques qu'on a vus dans des assemblées d'illuminés ne peuvent être comparés à ceux qui se sont toujours trouvés seuls vis-à-vis de leur magnétiseur, accompagné tout au plus de quelques parens ou amis, et qui n'ont été interrogés que sur leur santé. J'ai, je crois, assez bien établi que le plus grand nombre des somnambules est dans ce cas : je consens à ce qu'on ne tienne nul compte des autres.

On dit encore que ce sont des illuminés qui ont eu les somnambules les plus étonnans, et que c'est d'eux qu'on raconte les guérisons les plus promptes et les plus extraordinaires.

Cela se peut, et je vais en donner la raison (1).

Tous ceux qui connoissent le magnétisme conviennent que son action dépend de la volonté, et que cette volonté doit être fortifiée par la croyance, par la confiance, et par le désir du bien : ou autrement dit, que les trois qualités qui donnent de l'énergie au magnétisme sont la foi, l'espérance et la charité.

____

(1) Toutefois, d'après les motifs que j'ai exposés plus haut, et d'après les renseignemens que j'ai pris, je suis persuadé qu'entre leurs mains le somnambulisme a rarement été une crise salutaire.

Or, dans ceux qu'on nomme illuminés, la volonté est d'autant plus forte et plus calme qu'aucun doute ne la contrarie, et que son action n'est nullement détournée par le désir de se faire remarquer.

Leur foi est d'autant plus ferme et plus vive, qu'ils sont persuadés que le monde des esprits est celui des réalités, tandis que le monde physique est celui des apparences.

Leur confiance est d'autant plus inébranlable, qu'ils la fortifient par la prière, et qu'une fois assurés de la pureté de leurs intentions, ils comptent sur le secours de Dieu.

Leur charité est d'autant plus ardente, qu'en faisant le bien ils croient remplir leur unique fonction sur la terre, et se rendre dignes des faveurs du Tout-puissant.

Ainsi, quoique l'opinion qui les dirige soit une erreur, les forces que cette opinion leur communique n'en sont pas moins réelles; et l'on sait qu'en tout genre un préjugé peut produire la même force, la même confiance, la même ardeur qu'une vérité.

Je dirai en passant que les guérisons étonnantes opérées par des solitaires dans les diverses religions ont eu pour cause cette réunion de la volonté, de la croyance et de la confiance.

De tout cela il résulte que les phénomènes du somnambulisme ne prouvent rien pour aucune théorie mystique, qu'ils ont été vus par des hommes d'opinion absolument différente et qu'il faut les examiner en eux-mêmes, indépendamment du caractère et des opinions de ceux qui les ont attestés.

On insiste et l'on dit que les somnambules dirigés par les illuminés ont soutenu la théorie de leurs magnétiseurs, qu'ils ont fait des prédictions, qu'ils ont vu des esprits, qu'ils ont voyagé dans l'autre monde, etc., etc., et que de telles extravagances démontrent que ces somnambules ont été des imposteurs ou des fous.

Je réponds que l'imposture en ce genre a été bien plus rare qu'on ne le croit, et surtout qu'on ne le dit. Mais rien de plus commun que l'illusion et l'erreur. S'il étoit question de prouver la vérité des visions des somnambules, nul doute qu'il faudroit combiner toutes les circonstances, et que quelques erreurs évidentes suffiroient pour faire tout rejeter : mais il est seulement question d'examiner s'il n'existe pas un état différent de l'état naturel, qui se montre quelquefois spontanément dans les crises de certaines maladies et qui est fréquemment produit par l'action du magnétisme. Que ceux qui sont entrés dans cet état s'égarent ou non, le phénomène n'est pas moins réel. Quant aux discours et aux visions de quelques crisiaques, tous les observateurs conviennent qu'on peut exalter l'imagination des somnambules, et qu'une fois qu'on les a mis dans cet état d'exaltation il n'est aucune extravagance qu'ils ne puissent dire : ce sont alors des malades dans le délire qui racontent leurs rêves avec une élocution facile et brillante.

Ainsi la croyance au magnétisme et celle aux opinions des illuminés sont absolument étrangères l'une à l'autre, et si quelques personnes ont cru que le magnétisme conduisoit à cette philosophie occulte et mystique, c'est faute d'y avoir réfléchi, et d'avoir distingué l'état des somnambules, qui est réel, de certains discours qu'ils ont tenus dans cet état, et qui ne méritent aucune confiance.

Je pense même que l'examen du somnambulisme conduit à expliquer la plupart des faits sur lesquels les illuminés établissent leur théorie, et qu'en l'observant bien, on fera rentrer dans l'ordre naturel et physique des phénomènes qui semblent appartenir à un ordre surnaturel.

Puisque la discussion à laquelle je me suis livré m'a conduit à parler des illuminés, je vais essayer de donner de leur doctrine une notion aussi claire et aussi exacte que peut le faire quelqu'un qui n'est point initié dans leur société. Cette digression pourra intéresser mes lecteurs, elle servira du moins à prouver que les théories mystiques sont absolument étrangères au magnétisme.

CHAPITRE XII.

Digression sur les doctrines mystiques.

C'est une chose assez remarquable qu'on est généralement mieux instruit des divers systèmes de philosophie religieuse imaginés chez les anciens que de ceux des temps modernes. Il n'est pas un point des théogonies égyptiennes, grecques, indiennes, scandinaves, qui n'ait été l'objet des plus profondes recherches. Tout ce qui est relatif aux mystères d'Isis, de Cérès, de Bacchus a été discuté avec beaucoup d'érudition, tandis qu'on a négligé de s'occuper de semblables objets lorsqu'ils appartenoient à des temps voisins de nous. Voici, ce me semble, la raison de cette différence.

Dans le dix-septième siècle les controverses occupoient tous les esprits. Dans le siècle suivant la philosophie en a fait sentir le vide, et elle a montré que le raisonnement devoit être appliqué à des objets plus utiles. En cela elle a sans doute rendu un service essentiel; mais il eût été intéressant de conserver l'histoire des vaines tentatives qu'on a faites pour découvrir des vérités indépendantes de celles qui nous sont connues par l'observation des objets extérieurs. Si on l'a fait pour les systèmes anciens et non pour les modernes, c'est que ceux-ci reposent sur des idées empruntées au christianisme, et que M. de Voltaire, qui a exercé une grande influence sur l'esprit de son siècle, a versé le ridicule sur les discussions relatives aux dogmes de la religion chrétienne. Plusieurs écrivains ont exposé les rêveries des platoniciens et des éclectiques : on a commenté Plotin et Porphyre; mais quant à Jacob Bêhme, à Swedenborg, à Saint-Martin, on s'est contenté de dire que ces auteurs étoient des fous, sans chercher si dans leurs nombreux ouvrages il n'y avoit pas des aperçus ingénieux, des traits d'une morale élevée, et surtout un enchaînement singulier de principes et de conséquences. Je ne prétends point que ces écrits doivent être étudiés : on peut certainement mieux employer son temps : je dis seulement que ceux qui entreprennent de donner l'histoire des opinions des hommes ne doivent point passer sous silence celles qui ont eu de nombreux partisans; qu'avant de les juger ils doivent les connoître, et qu'il vaut mieux exposer un système chimérique et en montrer la fausseté que de se borner à le rejeter avec mépris.

Le dédain pour ce qui tient aux opinions religieuses a eu d'autres conséquences. Plusieurs écrivains de beaucoup de talent, frappés des maux que la superstition avoit causés, ont cru devoir en tarir la source, et, dans cette vue, ils ont vivement attaqué la religion chrétienne; mais on s'aperçoit qu'ils ne l'avoient pas considérée dans son ensemble et sous son véritable point de vue. Les théologiens orthodoxes, et les philosophes de l'école de Diderot et d'Helvétius s'adressent à deux classes différentes de lecteurs. Ceux qui lisent les écrits des uns ne lisent pas ceux des autres, et assez ordinairement, ni les philosophes ne connoissent les preuves sur lesquelles Pascal et Bossuet croyoient que la religion étoit solidement établie, ni les théologiens ne connoissent les objections de leurs adversaires. Les deux partis prennent une route si différente que les traits qu'ils se lancent réciproquement se perdent dans l'espace qui les sépare. Je ne veux point ici décider entre eux : je fais seulement observer que, lorsqu'on se propose de traiter une question, on feroit bien de commencer par l'envisager dans toute son étendue.

En essayant de donner une idée de la doctrine de quelques hommes qui, d'après leurs méditations et des révélations dont ils s'imaginent avoir été favorisés, se sont fait une espèce de religion particulière, je commence par avertir que je n'adopte point cette doctrine, que je ne prétends en aucune manière la proposer comme admissible, et que mon but est seulement d'examiner si elle est plus absurde que les systèmes métaphysiques de Platon, de Leibnitz, de Huet, de Malebranche, etc., qui, bien qu'on les juge dépourvus de toute vraisemblance, n'ont jamais empêché qu'on n'en respectât les auteurs.

Cependant, pour exposer cette doctrine sous le jour le plus favorable, il faut que, faisant abstraction de mon sentiment particulier, je la considère, non comme fausse, mais comme problématique, et que je fasse connoître les preuves sur lesquelles se fondent ceux qui en sont persuadés. Il faut aussi que j'examine si, en adoptant les principes de cette doctrine, on arriveroit aux résultats auxquels on croit généralement qu'elle conduit : si par exemple la réalité des prévisions et des prophéties en seroit la conséquence nécessaire ; enfin quelle seroit son influence sur la morale et sur la conduite des hommes.

Pour éviter toute dénomination équivoque ou injurieuse, je donnerai à ceux qui professent cette doctrine le nom de *Théosophes* (1) ; c'est celui

____

(1) Il est d'autant plus essentiel de les désigner par une dénomi-

que les hommes qui la croient vraie donnent aux maîtres dont ils se regardent comme les disciples

---

nation particulière, qu'on a mal à propos donné le nom d'illuminés à une secte très-dangereuse répandue en Allemagne, et dont les principes ne tendoient à rien moins qu'à bouleverser la société. Il y avoit dans cette secte des enthousiastes, des dupes et des fous. Mais comme leurs folies pouvoient avoir les suites les plus funestes, il étoit du devoir du magistrat d'en arrêter la propagation.

Un écrivain dont j'estime le courage, les intentions et les talens, a confondu sous le nom d'illuminés tous ceux qui ont adopté ou paru adopter des idées mystiques ; il a enveloppé dans la même proscription l'ancien hérésiarque Manès, Swedenborg, Kant, Saint-Martin, Weishaupt et les énergumènes de la révolution française. Il a cru voir dans la doctrine des théosophes la source de celle des jacobins, et il a prétendu que leurs opinions religieuses étoient un voile destiné à couvrir le projet de renverser le trône et l'autel, et de saper les fondemens de la société civile. On s'étonne des rapprochemens qu'il établit entre les hommes les plus opposés par le caractère et par les principes. Cet écrivain auroit été plus utile ; il auroit obtenu l'assentiment des hommes sages, si, se défendant de toute exagération, il se fût borné à dire que les doctrines mystiques ayant beaucoup de partisans dans le nord de l'Europe vers la fin du dernier siècle, on s'en étoit servi pour faire passer d'autres idées ; que les auteurs de ces doctrines, livrés à des méditations solitaires, ne s'étoient pas doutés qu'on emploieroit leur langage pour soutenir des opinions contraires aux leurs, et qu'on tireroit des conséquences révoltantes de leurs principes et de leurs vœux pour le bien général ; que, par des inteprétations forcées de l'Ecriture, ces doctrines dénaturoient l'esprit du christianisme ; que la religion chrétienne, prise dans sa simplicité, suffit aux hommes pour les diriger dans leur conduite et les consoler dans leurs malheurs ; qu'étant destinée à tous, elle est claire pour tous, et qu'on ne gagne rien à y ajouter de nouveaux mystères. Enfin, qu'il est et aux écrivains dont les ouvrages leur paroissent en renfermer les principes.

La question relative à la vérité des doctrines mystiques est extrêmement compliquée, ou plutôt elle renferme une foule de questions.

Parmi ces questions il en est dont la négative entraîneroit la ruine du système, et dont l'affirmative ne prouve rien pour les autres questions. Il en est aussi qui sont isolées, et sur lesquelles on peut indifféremment adopter l'affirmative ou la négative, sans que cela influe sur l'ensemble.

Voyons quelques-unes de ces questions :

1° Existe-t-il un Dieu qui nous a créés ?

2° Existe-t-il en nous une substance distincte de la matière, et qui est le principe du sentiment et de la pensée ?

3° Cette substance survit-elle au corps ?

4° Cette substance, quoiqu'elle se serve des organes du corps, et qu'elle reçoive par eux les sensations, peut-elle dans certains cas sentir et penser sans le secours de ces organes ?

Voilà quatre questions qui sont liées les unes aux autres. Ceux qui nient les trois premières ne

---

dangereux d'exciter l'enthousiasme, parce que ceux qui en sont une fois atteints ne voient plus les choses sous leur véritable jour, et peuvent être entraînés dans toutes sortes d'erreurs. Quant à ce que cet auteur dit du danger des sociétés secrètes, je suis parfaitement de son avis.

peuvent entrer dans aucune discussion sur les suivantes. Il est inutile de les prouver ici, l'existence de Dieu, l'immatérialité et l'immortalité de l'âme ayant été le sujet d'un grand nombre d'ouvrages de philosophie (1).

---

(1) Parmi les preuves physiques propres à établir l'existence de Dieu, il en est une à laquelle il me semble qu'on n'a pas fait attention, et je demande la permission de l'exposer en peu de mots.

Ceux qui ne reconnoissent pas qu'une cause intelligente a créé ou arrangé le monde, sont forcés d'admettre l'une de ces deux suppositions,

Ou que l'homme a existé de toute éternité sur la terre, ou qu'il a commencé d'y exister à une époque plus ou moins reculée.

Examinons ces deux suppositions.

Tous ceux qui depuis un siècle ont étudié l'histoire naturelle et la géologie conviennent que la terre a été autrefois dans un état de mollesse ; qu'elle a été couverte par les eaux, et que les minéraux qui sont à sa surface ont été cristallisés dans un fluide. Des indices de cristallisation se montrent même dans les roches primitives ; et, quant aux roches secondaires, la chose est évidente, puisqu'elles renferment une innombrable quantité de corps organisés.

Or, dans cet état de mollesse, la terre ne pouvoit être propre à l'habitation de l'homme. Ajoutez à cela qu'on n'a trouvé nulle part un ossement humain fossile : ce qui ne démontre pas rigoureusement, mais ce qui concourt à prouver que l'existence de l'homme sur la terre est postérieure à celle de plusieurs quadrupèdes qui sont aujourd'hui perdus, lesquels eux-mêmes n'y ont été placés qu'après les coquillages.

Ces faits sont tellement certains qu'aucun naturaliste ne regarde comme possible que l'état actuel de notre globe soit semblable à son état antérieur, et qu'on est généralement d'accord que la terre a

La réponse à la quatrième question se déduit
des deux précédentes ; car si l'on convient que
l'âme est immatérielle et qu'elle survit au corps,

---

subi plusieurs grandes révolutions qui ont changé la forme des
continens.

Le système de Buffon, que tout a d'abord été produit par le feu,
est contredit par les observations ; mais quand on l'adopteroit, il
n'en seroit pas moins évident que l'homme n'a pas vécu sur la terre
de toute éternité.

Voilà donc la première supposition détruite, de l'aveu de tous
les savans : passons à la seconde.

Savoir, que l'existence de l'homme sur la terre date seulement
de la dernière ou de l'avant-dernière révolution du globe ; que
cette révolution soit éloignée de 7,000 ans ou de 70,000 ans, cela
ne fait rien.

Dans cette hypothèse, il faut nécessairement de deux choses
l'une :

Ou bien que, dès son origine, l'homme ait été, quant à son
organisation physique, à peu près semblable à ce qu'il est actuel-
lement :

Ou bien qu'il ait eu d'abord une organisation plus simple et
différente, qui, par des changemens graduels et successifs, l'a fait
parvenir à son état actuel.

Si dans le moment où la terre l'a produit il étoit enfant, comment a-t-il été nourri jusqu'à son entier développement ? S'il étoit
homme fait, comment, sans éducation, a-t-il pu tout à coup voir,
marcher, chercher sa nourriture ? Il faudra supposer qu'il a d'abord
été pendant long-temps nourri par l'atmosphère qui l'environnoit,
supposition dépourvue de tout fondement, et que contredit l'analogie. D'un autre côté, comment la terre a-t-elle formé non-seulement un individu dont toutes les parties sont faites les unes pour
les autres, ou, si l'on ne voit là qu'une cristallisation déterminée
par la force d'un esprit vital, comment a-t-elle formé à la fois

il s'ensuit qu'elle peut penser et sentir sans le secours des organes extérieurs. Je sais que quelques philosophes ont prétendu admettre

---

deux ou plusieurs individus de sexe différent, et qui sont évidemment faits l'un pour l'autre.

Reste la seconde hypothèse, que l'homme actuel est le perfectionnement d'un être plus simple ; car on ne peut en imaginer une troisième.

Cette hypothèse que l'homme a d'abord été un animal gélatineux qui vivoit dans les eaux, et que ses organes se sont formés et développés peu à peu par l'influence des circonstances et par celle des habitudes, a été proposée par de savans naturalistes. C'est la seule qui puisse expliquer comment l'homme a pris naissance sur notre planète sans y avoir été placé par une cause intelligente.

Mais ce changement dans les êtres organisés, par lequel un molusque devient un poisson, puis un phoque, puis un singe ou tout autre animal, et enfin un homme, est non-seulement dépourvu de preuves, mais encore contraire à toutes les notions que donne l'étude de l'anatomie comparée. C'est un système que le plus savant zoologiste de nos jours a victorieusement réfuté dans ses écrits et dans ses leçons.

Il est absolument impossible d'imaginer une hypothèse qui ne rentre dans l'une ou l'autre de celles que je viens de discuter, sans avoir recours à une cause intelligente. Le mot nature est vague. Si la nature agit pour un but qu'elle connoît, alors elle est Dieu, si elle agit aveuglément, elle n'est pas un être, elle est seulement ensemble des choses.

Maintenant, en laissant de côté toutes les preuves métaphysiques de l'existence de Dieu, que les philosophes, et surtout Rousseau, ont exposées avec tant d'éloquence, je demande s'il n'est pas plus raisonnable de croire qu'une cause intelligente a placé l'homme sur la terre, que de supposer qu'une organisation compliquée, dont toutes les parties sont nécessaires les unes aux l'immortalité de l'âme, tandis qu'ils ont voulu établir qu'elle ne pouvoit avoir aucune idée sans le secours des organes ; mais ces deux propositions sont tellement contradictoires que j'ai peine à croire qu'on les ait associées de bonne foi.

Passons à une autre série de questions :

5° La substance spirituelle agit-elle sur la matière?

La réponse est évidente, dès qu'on admet que l'homme est composé de corps et d'esprit, ou d'une substance matérielle et d'une substance immatérielle.

6° Comment l'esprit et la matière sont-ils unis? et comment agissent-ils l'un sur l'autre?

Question insoluble dans l'état actuel de nos connoissances. Il suffit d'admettre le fait sans s'inquiéter de l'explication ; mais il faut avertir que les théosophes croient que l'homme est composé de trois substances, savoir le corps, l'esprit et l'âme. Ils regardent l'âme comme une substance intermédiaire entre l'esprit et la matière, et qui établit entre eux la communication.

---

autres, s'est formée graduellement dans une suite de siècles ; et si ceux qui ont dit, par exemple, que l'homme avoit un nez parce qu'il avoit pris l'habitude de se moucher, n'ont pas avancé des propositions qui, bien loin d'appuyer leur système, servent à en faire sentir l'absurdité.

7° Existe-il des esprits qui ne soient point liés à un corps?

Cette question peut être examinée sous plusieurs points de vue, et l'on peut établir l'affirmative par plusieurs moyens.

1° Par l'analogie. Puisque l'âme existe après la mort, il peut exister d'autres substances de même nature qu'elle. En supposant Dieu esprit pur, on doit penser qu'il ne s'est pas borné à créer des esprits liés pour un temps à un corps : on doit même présumer qu'il a mis dans la création du monde spirituel la même gradation, la même variété que dans celle du monde matériel, et qu'il y a plusieurs classes d'êtres, tous infiniment au-dessous de lui, mais cependant intermédiaires entre lui et l'homme. Cette opinion n'est pas particulière aux théosophes; plusieurs philosophes l'ont adoptée, et l'on sait qu'elle a été principalement soutenue de nos jours par Bonnet de Genève. Ces êtres, s'ils existent, doivent probablement être doués de facultés diverses, d'inclinations diverses et de divers degrés d'intelligence.

2° Par des faits. Quoique ces êtres ne puissent se rendre perceptibles à nos sens d'une manière immédiate, puisque la matière est seule l'objet de nos sensations, ils pourroient cependant se manifester à nous par des impressions que les corps sont incapables de produire; mais de telles preuves n'auroient de valeur qu'autant qu'on les auroit soumises à une critique toujours négligée par ceux qui sont disposés à les admettre.

3° Par l'autorité. On peut dire que l'existence de ces êtres a été regardée comme une vérité par presque tous les peuples, qu'elle se trouve liée aux diverses religions, et qu'il est téméraire de rejeter sans examen une croyance qui dans tous les siècles a été répandue sur toute la terre. Nous parlons de notre raison; mais les hommes qui ont pensé autrement que nous n'étoient-ils pas des êtres raisonnables?

8° Autre question. L'existence de ces esprits une fois admise, doit-on croire qu'ils puissent entrer en communication avec les hommes?

Je réponds que je n'en sais rien : mais comme c'est de la réponse affirmative à cette question que dépend l'admission de toutes les doctrines mystiques, et que je me suis engagé à faire valoir les motifs de ceux qui adoptent ces doctrines, je dois faire observer, 1° que cette croyance a été admise dans toutes les religions et par tous les peuples; 2° qu'elle ne contrarie aucun des principes auxquels nous sommes conduits par l'observation de la nature et par la saine métaphysique; 3° que les objections qu'on lui a opposées ne sont nullement décisives.

Cette question doit être discutée par l'examen

des faits historiques. Bien des gens ont cru et croient encore être en communication avec les esprits, ils prétendent les voir ou les entendre, et cela ne prouve rien ; car ceux qui l'assurent, fussent-ils d'ailleurs des hommes du plus grand sens, peuvent bien être atteints d'une maladie nerveuse et dupes de leur imagination. Les révélations qu'ils croient avoir reçues ne seroient une preuve concluante qu'autant qu'elles auroient un caractère surnaturel : car la connoissance de ce qui se passe loin de nous, non plus que celle d'un événement à venir, ne démontre pas toujours que la révélation en soit due à des esprits, comme je l'ai fait voir en expliquant la prévision des somnambules.

Mais il est des opérations magiques, c'est-à-dire des moyens que certaines personnes prétendent avoir de communiquer avec les esprits, et dont elles disent même avoir rendu témoins des gens qui n'y croyoient pas.

Pour savoir à quoi s'en tenir, il faudroit discuter la vérité des relations qui ont été données de cet ordre de faits : la chose n'est pas impossible, et ce qu'il y a de plus difficile, c'est de se garantir de tout préjugé pour ou contre. Je ne conseille à personne d'entreprendre cet examen : mais il est de la justice de ne pas traiter de visionnaires ceux qui disent l'avoir fait, avant d'avoir acquis quelque preuve de leur erreur. En effet, quand même cet ordre surnaturel existeroit, l'ordre physique n'en éprouveroit aucune altération; tout se passeroit dans un monde à part, ceux qui n'y sont point entrés ne pourroient opposer que des preuves négatives et conséquemment insuffisantes.

9° Autre question. Si cette communication peut exister, est-elle ou non dépendante de la volonté de l'homme?

Cette question, comme la précédente, ne peut être décidée que par l'examen des faits : rien à priori ne conduit à admettre l'affirmative.

10° Les êtres avec lesquels on peut entrer en communication sont-ils bons ou méchans, véridiques ou menteurs? ou plutôt ces êtres ne sont-ils pas de différente nature, n'ont-ils pas des facultés et des inclinations diverses, tellement qu'ils forment une échelle depuis le dernier degré de malice jusqu'à la bonté la plus parfaite? Si l'on admettoit ce principe, il s'ensuivroit qu'il y a une magie criminelle qui consiste dans la communication avec les esprits méchans, et une magie pure et sainte qui consiste dans la communication avec les bons. Il s'ensuivroit encore :

Que les esprits méchans, et par cela même inférieurs à l'homme, peuvent seuls être soumis à sa volonté et employés par lui à servir ses passions : tandis que les esprits bons ne se rendent à la prière de l'homme qu'autant que celui-ci est bon lui-même, et qu'il est animé des intentions les plus pures. En effet, selon les théosophes les esprits supérieurs ne sont jamais déterminés à agir que par le désir du bien, ils ne se communiquent à l'homme que pour l'instruire de ce qu'il lui est réellement utile de savoir ; ils n'obéissent jamais à sa curiosité, moins encore à ses passions : d'où il suit qu'ils n'entretiennent de relations qu'avec ceux qui, dégagés des affaires passagères de ce monde, sont uniquement occupés du perfectionnement de leur âme, du bien général et de la vie à venir.

On voit que je ne prétends décider aucune de ces questions. Je n'ai nulle envie d'entrer en communication avec les mauvais esprits, et je me crois bien loin de cette pureté nécessaire pour entrer en communication avec les bons. Je dis ce qui peut être, sans autre but que de montrer qu'on ne doit pas rejeter avec mépris et sans aucun examen des opinions adoptées de tout temps et dans tous les pays par des hommes qui, sur tout autre objet, étoient aussi sages et peut-être plus vertueux que nous.

J'avoue que les objections qu'on a faites contre ces opinions m'ont paru extrêmement foibles.

Toutes annoncent l'ignorance de la théorie. Mieux eût valu se borner à nier sans aucune réfutation. Je n'admets point cette théorie, parce qu'elle suppose un ordre de choses dont je n'ai pu acquérir la preuve, et surtout parce que les faits sur lesquels elle s'appuie peuvent être expliqués par d'autres causes ; mais je ne puis la rejeter comme absurde ni traiter d'insensés ceux qui l'adoptent, parce qu'elle n'implique pas contradiction.

Voyons maintenant les principes fondamentaux de cette théorie : je continue mon rôle de sceptique en les exposant et en les soutenant.

Si l'on admet l'immortalité de l'âme, on est forcé d'admettre que l'âme séparée du corps peut avoir des idées, car la pensée étant de son essence, si elle ne pensoit plus elle n'auroit plus d'existence : on doit croire aussi qu'après cette séparation elle n'est point dans un état plus imparfait, mais qu'elle a, au contraire, plus de facultés, et que voyant immédiatement sans le secours des organes, et sans être fixée à un lieu, elle voit d'une manière plus distincte, qu'elle a des affections, et que ces affections, n'étant plus troublées par les mêmes passions et les mêmes besoins, sont plus droites et plus soumises à la vérité et à la raison.

On est encore forcé de convenir qu'elle conserve le souvenir du passé : car un être qui auroit perdu le souvenir du passé ne seroit plus le même être ; c'est la liaison du passé au présent qui constitue le moi individuel.

Quant au lieu qu'elle habite, les métaphysiciens ne feront aucune question sur ce sujet. L'idée de lieu ou celle d'espace nous étant donnée par nos sens, et nous venant uniquement de la matière, elle ne peut être appliquée aux esprits. C'est par un phénomène inexplicable et dépendant de la volonté du Créateur que pendant le cours de la vie l'âme est liée à un corps : après qu'elle est dégagée de la matière, elle n'occupe point de place proprement dite. Les images qu'on a faites dans toutes les religions de l'enfer et du paradis sont une manière de rendre sensibles les idées de punition et de récompense : l'enfer et le paradis ne sont point un lieu, mais un état. Dieu remplit l'univers ; il est présent partout ; la raison s'élève à cette vérité : le témoignage des sens ne peut la faire concevoir.

Une fois qu'on admet que les âmes survivent au corps, et que dans cette nouvelle existence elles conservent le souvenir du passé et du moins une partie de leurs affections, il n'y a plus rien d'absurde à croire qu'elles peuvent entrer en communication avec les êtres vivants. Le raisônnement paroît même établir cette possibilité.

L'âme pendant la vie agissoit sur le corps auquel elle étoit unie ; donc l'âme agit sur la matière : pourquoi auroit-elle perdu cette faculté ? D'ailleurs elle n'a pas besoin d'agir immédiatement sur la matière ; il lui suffit de faire passer ses idées à une autre âme, qui est de même nature, et qui peut l'entendre.

La question n'est donc pas de savoir si cela est possible, mais si cela est ; et ceci rentre dans les questions de fait, qui ne peuvent être résolues que par la discussion des témoignages. Il faudroit donc examiner s'il y a eu des inspirations, des apparitions, des révélations. Ceux qui l'assurent disent qu'ils le savent par leur propre expérience ou par le témoignage de gens dignes de foi : ceux qui le nient disent qu'ils n'en connoissent point d'exemple : les premiers prétendent donner des preuves positives ; les autres opposent des preuves négatives. Je demande si ce n'est pas le cas de suspendre son jugement ? car pour l'absurdité nous venons de voir qu'il n'y en a point.

Je sais bien que si quelqu'un s'avisoit d'avouer qu'il croit aux revenans, car il faut bien prononcer ce mot, on se moqueroit de lui. Mais j'avertis en même temps que, parmi ceux qui s'en moqueroient, il y a beaucoup de gens qui ne sont pas fermes dans leur incrédulité, qui même ont peur des revenans : ce qui est à la fois une pusillanimité et une absurdité bien plus blâmable que celle de croire à leur existence, quand même elle seroit prouvée fausse.

Poursuivons; si l'on admet l'existence des âmes après la mort des individus qu'elles ont animés, on reconnoît déjà l'existence d'un nombre infini d'esprits qui sont dans un état de bonheur ou de souffrance relatif au bien ou au mal qu'ils ont fait pendant la vie : ce n'est pas tout, une fois qu'on est persuadé qu'il existe un ordre d'êtres intelligens qui ne sont point unis à la matière, on doit admettre que tous ces êtres ne sont pas exactement semblables, et qu'outre ceux qui ont été unis pendant un temps à un corps, il y en a d'autres qui sont des intelligences, de bons ou de mauvais anges. Cela n'est pas une suite nécessaire de l'immortalité de l'âme humaine, mais c'est du moins une analogie qui rend la chose vraisemblable. On ne peut savoir si ces intelligences ont la faculté d'agir sur la matière, et rien ne conduit à le penser; mais elles peuvent certainement entrer en communication avec les autres intelligences, même avec celles qui sont unies à un corps, en leur donnant des inspirations, ou en leur communiquant des idées.

Voilà donc l'univers peuplé d'une infinité d'êtres d'une nature analogue à celle de l'âme humaine et qui peuvent communiquer avec nous.

Ces êtres sont bons ou méchans, ou intermédiaires entre les bons et les méchans.

Les premiers qui forment pour ainsi dire une échelle entre Dieu et l'homme (sans cependant qu'aucune créature puisse être comparée au Créateur), les premiers, dis-je, sont animés d'une volonté constante pour le bien; ils connoissent Dieu, ils l'aiment, ils désirent le bonheur de toute la création, ils y travaillent autant qu'il est en leur pouvoir, et par tous les moyens que le Créateur leur permet d'employer. L'amour forme leur essence.

Les seconds n'aspirent qu'à troubler l'ordre et à faire partager leur malheur aux autres créatures intelligentes; ils veulent nous séduire, nous tromper : la haine et la jalousie sont leurs sentimens habituels, ils ont plus de puissance que l'homme, et des facultés intellectuelles plus étendues à certains égards : mais la bonté du Créateur met des bornes à leur puissance, et ne leur permet de communiquer qu'avec les méchans.

Les troisièmes sont des êtres dont les facultés intellectuelles sont encore très-étendues, mais dont la volonté n'a aucune force : ils sont aux ordres de qui veut les employer ; mais ils nous exposent à des illusions, et nous servent très-mal , si nous n'avons la force de les diriger.

On sent bien que dans ce que je viens de dire je n'ai fait qu'exposer une doctrine que je crois être celle des théosophes : mon but n'est point d'insinuer que cette doctrine est vraie , mais seulement qu'elle est liée dans toutes ses parties et qu'elle n'est pas absurde en elle-même. Continuons.

De ces trois ordres d'esprits , qui cependant peuvent se subdiviser par leurs facultés et par leurs qualités morales , résultent trois sortes de magie.

La communication avec les démons est toujours criminelle : les démons répondent aux évocations; ils nous font connoître des choses que nous ne saurions pas sans eux ; ils peuvent quelquefois servir nos passions, mais leur but est toujours de nuire; et s'ils nous éclairent sur certains objets, c'est pour mieux nous tromper sur d'autres. Les évocations sont des signes convenus auxquels ils ont eux-mêmes consenti à se soumettre : les formes par lesquelles on peut les appeler sont , dit-on , connues de quelques initiés et consignées dans plusieurs livres. Ils ont des noms et une espèce de langue à laquelle ils répondent.

Les esprits mitoyens se soumettent également

à la volonté de l'homme ; mais comme le bien et le mal leur sont indifférens, ils ne lui rendent jamais de vrais services : ils ne cherchent pour ainsi dire qu'un vain amusement ; tout but moral leur est étranger.

Les bons esprits ne sont point assujettis à la volonté de l'homme, ils ne veulent communiquer qu'avec ceux qui sont dégagés de toute passion terrestre, et c'est seulement avec les adorateurs de Dieu, avec les amis de l'ordre et du bien qu'ils consentent à former quelque société. Dans certaines circonstances ils sont les messagers de Dieu, et chargés de donner des avis aux hommes : mais ils cèdent volontiers à la prière de ceux dont le cœur est parfaitement pur, dont les intentions sont droites, dont les vœux ne tendent qu'au bonheur éternel d'eux-mêmes et de tous leurs frères.

Il existe aujourd'hui des sociétés d'hommes qui prétendent être en communication avec ces bons esprits, et recevoir d'eux des avis et des révélations. Ces hommes montrent de la sagesse et du bon sens dans la conduite de la vie ; ils se distinguent par la pureté de leurs mœurs, par la piété, par une entière résignation aux événemens qu'ils croient être dans les desseins de la Providence : ils communiquent les uns avec les autres pour s'éclairer et pour s'affermir dans le bien, ils n'attachent aucune importance à ce qu'on peut penser de leur doctrine, ils disent simplement ce qu'ils croient vrai à quiconque les interroge, sans jamais prendre l'initiative pour faire connoître et adopter leurs opinions : enfin ils sont d'une douceur, d'une tolérance bien opposée au caractère des fanatiques, et ils répondent aux incrédules qui leur demandent de les convaincre : Faites le bien, priez Dieu de vous éclairer, ne repoussez pas les inspirations de votre conscience, et bientôt vous penserez comme nous.

Je sais bien que ce caractère des hommes dont je parle n'est nullement une raison d'adopter leurs idées : mais c'en est une pour ne pas répandre le mépris sur leur personne et le blâme sur leurs intentions ; peut-être même en est-ce une pour ne pas jeter du ridicule sur leurs opinions avant de les avoir discutées.

Quelques membres de cette société, dont l'origine remonte peut-être bien loin, ont publié des écrits dans lesquels on peut reprendre deux choses.

De l'obscurité, et une physique erronée.

Quant à l'obscurité : ils prétendent qu'ils n'écrivent que pour les initiés, et je ne puis décider si les initiés les entendent.

Quant aux erreurs de physique, comme la

plupart, quoique doués de beaucoup d'esprit, ont négligé d'approfondir les sciences d'observation, il n'est pas étonnant que leurs écrits en soient remplis. Ce n'est point sur ce genre de connoissances qu'ils ont pu s'entretenir avec les intelligences supérieures; il est indifférent à celles-ci que l'homme connoisse le vrai système du monde, la véritable théorie de l'électricité, de la chaleur, du mouvement, etc.; il leur importe seulement que l'homme fasse un bon usage des biens que le Créateur a mis à sa portée, et qu'il ne néglige pas de s'occuper de la vie à venir, c'est-à-dire du temps où nos sens ne nous exposeront plus à des illusions, et où le bonheur de connoître tous les secrets de la création sera peut-être la récompense de ceux qui n'auront aimé que la justice et la vérité.

On ne peut d'ailleurs se dissimuler qu'une fois que l'homme se livre à son imagination pour expliquer des choses qui sont du ressort des sens, et qui ne peuvent être connues que par l'observation, l'expérience et le calcul, il ne s'égare dans toute sorte de chimères : aussi quand la théorie de ces hommes seroit vraie pour ce qui est relatif à l'ordre moral, il n'en faudroit rien conclure pour ce qui tient à l'ordre physique.

Au reste, la lecture de ces écrits ne me semble offrir aucune preuve ni pour ni contre la théorie.

Je parle seulement de ceux que j'ai lus : mais elle prouve deux choses, c'est que tous ceux qui se sont occupés de ces objets ont établi leur doctrine sur les mêmes bases, et que tous sont animés de l'amour du bien.

Suivons maintenant cette doctrine des théosophes et voyons où elle va nous conduire.

Selon eux les esprits peuvent connoître l'avenir, du moins jusqu'à un certain point : nous dirons plus bas comment cette connoissance de l'avenir est possible, et quelles en sont les limites. S'ils connoissent l'avenir ils peuvent le révéler à l'homme : de là les prédictions, les prophéties, etc.

Mais il faut voir ici à quoi cette possibilité de connoître l'avenir en consultant les esprits pourroit nous être utile.

Les esprits qu'on peut consulter sont ou les bons anges, ou les mauvais anges, ou les esprits d'un ordre intermédiaire.

Les premiers ne regardant comme importantes que les choses qui tiennent au monde moral, et ne communiquant qu'avec des hommes exempts de passions et d'une vertu bien pure, ne feront de révélations que pour indiquer les moyens d'échapper aux séductions du vice et de faire des progrès dans la vertu : tout au plus pourront-ils consoler un fils ou un ami affligé, ranimer des espérances bien fondées dans des projets qui tendent au bien, ou révéler un crime commis pour appeler la justice et montrer le doigt de la Providence : mais ils ne répondront à aucune de ces questions oiseuses que ceux qui consultent les magiciens leur proposent avec tant d'avidité. Ainsi on n'apprendra rien d'eux sur les affaires humaines, à moins qu'il n'y ait un intérêt de justice.

Les démons pourront révéler l'avenir ; mais comme ils n'ont pas une vue distincte des événemens compliqués, ils se tromperont sur une foule de circonstances. De plus ils chercheront toujours à nuire. S'ils vous indiquoient un trésor, ce seroit parce que son acquisition devroit entraîner votre ruine ; s'ils vous annoncent un événement, c'est parce que la connoissance de cet événement doit avoir pour vous des conséquences funestes. Heureusement ils ne peuvent approcher des gens de bien : ce seroit pour eux un supplice d'avoir quelque relation avec les bons esprits dont ceux-ci sont toujours environnés.

Restent les esprits d'un ordre intermédiaire ; mais ces derniers, s'ils répondent à la volonté de l'homme, ne peuvent lui donner que des connoissances bornées, parce qu'ils n'ont pas des lumières étendues : ils ne peuvent agir fortement, parce qu'ils n'ont pas par eux-mêmes de volonté déterminée. Ce sont eux pourtant qui prédisent l'avenir et qui interviennent dans la plupart des opérations magiques ; mais leurs prédictions, vraies en partie, sont toujours mêlées de beaucoup d'erreurs, et leurs actions, qui n'ont jamais un motif pur, ne sauroient être dirigées vers un but utile que par la volonté de l'homme, et l'homme de bien dédaigne de les consulter.

D'ailleurs il est encore un principe dans le système des théosophes ; c'est que lorsqu'on se met soi-même en communication avec les esprits, on entre pour ainsi dire dans un autre monde : dès-lors les mauvais esprits cherchent à se glisser parmi ceux qui sont moins méchans, et qui n'ont pas la force de les repousser, et leur intervention fait souvent tourner à mal toutes les opérations de ceux-ci.

Il suit de là qu'il n'y a rien à gagner aux opérations magiques dans lesquelles on prétend disposer des esprits : d'après le système des théosophes, ces opérations sont même accompagnées des plus grands dangers ; car si l'homme manque d'énergie, s'il cesse un moment d'être attentif, si sa volonté est incertaine, les mauvais esprits peuvent lui faire beaucoup de mal.

Les mauvais esprits peuvent même s'emparer de l'homme ; et c'est là l'histoire des possessions :

mais l'homme de bien qui, rempli de confiance en Dieu, leur intime ses ordres, les chasse à l'instant.

On voit que j'expose ici des opinions que je suis bien loin de regarder comme probables. Je veux seulement montrer comment cette théorie explique les prodiges qui, dans des siècles moins éclairés, ont été adoptés par les peuples.

Quant à la connoissance du passé et du présent, nul doute qu'on pourroit l'acquérir par la communication avec les esprits ; mais il n'est pas besoin de leur intervention pour cela, et j'ai déjà expliqué comment ce phénomène peut avoir lieu sans qu'il soit une preuve de l'existence des esprits et de la communication avec eux.

Maintenant, si ce que prétendent les théosophes étoit vrai, on expliqueroit comment des diseuses de bonne aventure sans esprit et sans éducation, des hommes ignorans et grossiers font des prédictions qui se vérifient, et pourquoi ces prédictions ne s'accomplissent qu'en partie : pourquoi, tandis que le fait annoncé se trouve assez vrai pour étonner, il n'est cependant pas assez exact pour qu'on reconnoisse qu'il a été prévu par une intelligence attentive et exempte d'erreur.

On verroit encore pourquoi les exemples

d'apparitions, de révélations, etc., ont été plus fréquens dans les siècles barbares que dans les siècles de lumière; ce n'est point uniquement parce que les hommes grossiers et crédules sont plus facilement trompés; c'est parce qu'ils ont plus de simplicité, plus de confiance, plus de volonté; c'est parce que, croyant fermement à l'existence des esprits, ils les appellent et les écoutent au lieu de les repousser; c'est parce que chez eux chacun raconte ce dont il est persuadé, sans craindre de passer pour menteur ou pour visionnaire.

On verroit enfin que cette théorie qui suppose un Dieu rémunérateur et vengeur, l'immortalité de l'âme, les peines et les récompenses dans l'autre vie, la nécessité du culte envers Dieu, l'utilité d'un culte envers les esprits, l'importance de la vertu et de la croyance aux vérités fondamentales de la religion, ne suppose aucune religion positive et exclusive des autres.

Cependant il faut convenir que, si plusieurs de ceux qui ont parlé des moyens de communiquer avec les esprits étoient de religions différentes, et si l'on compte surtout parmi eux beaucoup de juifs, ceux qui ont cherché à communiquer seulement avec les bons esprits, et pour le perfectionnement de leur être moral, sont des chrétiens de diverses communions; mais tous admettant que l'homme déchu par ses fautes a été rappelé à Dieu par le Messie.

Le plus grand nombre de ceux qui ont eu la curiosité de lire les écrits des théosophes les ont rejetés d'abord comme des rêveries : quelques-uns seulement les ont étudiés et ont essayé d'en faire des applications ; mais ces applications étant faites en sens contraire du but de l'institution, elles n'ont produit que de faux résultats. Il s'ensuit que ni les uns ni les autres n'ont le droit de prononcer.

Si quelqu'un pensoit que la doctrine des théosophes repose sur des bases assez raisonnables et conduit à des conséquences assez intéressantes pour qu'on se donne la peine de la discuter, il ne faudroit pas qu'il s'imaginât que cette discussion peut être faite d'après la lecture de leurs livres qui sont fort obscurs, et qui d'ailleurs supposent ce qui est en question.

Avant d'examiner la doctrine, il faudroit d'abord savoir si tous les faits qu'elle prétend expliquer ne sont pas des chimères. Il faudroit pour cela s'enfoncer dans le dédale des superstitions et des extravagances dont sont remplies toutes les histoires, pour constater s'il y a réellement eu des apparitions, des possessions, des prédictions, des révélations, des miracles : il faudroit que cet examen fût dirigé par une critique sévère

et profonde, mais franche et exempte de pré-
jugés ; car, si on rejette un témoignage uniquement parce qu'il contrarie une opinion qu'on a
déjà, on fait une pétition de principe, et l'on
n'éclaircit jamais rien.

Quant aux théosophes, voici ce qu'ils exigent
pour qu'on puisse participer aux avantages qu'ils
prétendent avoir :

Une ferme confiance en Dieu ;

Une entière soumission à sa volonté ;

Un esprit disposé à recevoir la vérité ;

Un ardent désir de la connoître, non par curiosité, mais pour faire des progrès dans le bien ;

Une indifférence extrême sur les affaires temporelles dans ce qui nous est personnel, mais une
grande application à ces affaires, en tant qu'en
s'y livrant on remplit sa tâche dans la société ;

Une charité active et sans bornes ;

Une extrême pureté de mœurs ;

Une habitude continuelle de la prière et de la
méditation, de manière que cette prière et cette
méditation remplissent tous les momens qui ne
sont pas employés à s'acquitter de ses devoirs ;

Une grande simplicité de cœur qui laisse toujours l'âme tranquille, parce que dans tout on
reconnoît la volonté de la Providence ;

Un ardent désir du bonheur des hommes ;

Enfin, lorsqu'on s'est préparé par une conduite pure, par une expiation des fautes de la vie passée, la communication avec les esprits peut être facilitée au moyen de l'initiation, dont les formes primitivement établies de concert avec les intelligences supérieures ont été transmises par une tradition orale depuis les temps les plus réculés.

On doit avouer que, si ce sont là des folies, du moins ces folies ne sont pas dangereuses : en rendant heureux ceux qui en sont persuadés, elles les engagent à s'occuper du bien des autres.

> . . . . Et isti
> Errori virtus nomen posuisset honestum.

Les religions positives, la catholique en particulier, paroissent contredire quelques-unes des bases de cette croyance, cependant l'une de ces doctrines n'exclut pas l'autre. Parmi les théosophes il y a des hommes de toutes les communions chrétiennes : tous pensent qu'il faut rendre à Dieu le culte prescrit par la religion dans laquelle on a été élevé, sans se permettre de censurer les opinions des autres dans ce qui tient au dogme. Ils sont tolérans, non point par indifférence, mais par un esprit de charité, et par la persuasion que Dieu saura bien éclairer ceux qui désirent sincèrement la vérité, qui suivent la morale de l'Evangile, et qui se conforment au plus essentiel de tous les préceptes, celui d'aimer Dieu par-dessus tout, et son prochain comme soi-même.

Tous les théosophes regardent la Bible comme un livre inspiré, et l'Evangile comme le code que Dieu a donné aux hommes ; ils croient que l'homme créé bon, mais libre, est déchu de son état primitif par une aberration de sa volonté et par un mauvais usage de sa liberté ; et que cette vie est un temps d'épreuve pendant lequel nous devons faire nos efforts pour rentrer dans l'état primitif duquel nous sommes déchus. Ils croient enfin que le Rédempteur est venu pour remettre les hommes dans la bonne voie, et pour les racheter de la proscription qu'ils avoient méritée.

Quant aux intelligences, celles d'un ordre inférieur avoient d'abord été exemptes de souillure, et c'est en abusant de leurs facultés et de leur liberté qu'elles se sont perverties, et qu'elles ont perdu l'état heureux auquel elles étoient destinées. C'est l'explication qui se déduit de l'Ecriture, qui a été adoptée dans l'Eglise chrétienne, et qui est répandue dans les anciennes religions de l'Asie.

J'ai dit plus haut que plusieurs de ces opinions s'enchaînoient nécessairement, et que d'autres étoient indépendantes de celles auxquelles on les avoit associées.

Ainsi la possibilité des apparitions des âmes des morts est une suite nécessaire de l'immortalité de l'âme, quoique la réalité du fait ne puisse être prouvée que par des témoignages historiques. L'existence de plusieurs ordres d'intelligences n'est établie que sur l'analogie, et la correspondance avec ces intelligences ne peut être prouvée que par l'expérience. S'il n'existoit à cet égard aucune expérience déterminante, l'existence des intelligences n'en seroit pas moins probable; mais leur communication avec l'homme ne seroit plus qu'une opinion religieuse. Le principe que l'homme est déchu d'un état plus élevé n'est établi que sur des considérations métaphysiques que plusieurs philosophes, et entre autres Pascal, ont très-bien développées.

En voilà assez sur les principes de la doctrine des théosophes. Examinons maintenant quelques questions qui y sont relatives, en commençant par celle de la prévision, qui nous a conduit à traiter ce sujet.

On prétend, dira-t-on, que les esprits peuvent lire dans l'avenir; mais l'avenir n'existe point; comment donc est-il possible de le connoître?

L'avenir ne pourroit être connu que de deux manières : ou par la vision immédiate d'un événement futur, ou par une combinaison extrêmement rapide des diverses causes qui peuvent amener cet événement. Je reviendrai sur la première manière ; je commence par expliquer la seconde, parce qu'elle est analogue à celle dont nous faisons habituellement usage pour diriger nos jugemens.

Qu'il me soit permis de me faire entendre par une comparaison.

Je suis placé au bord d'une rivière sur laquelle est un pont de plusieurs arches. Je vois, aussi loin que ma vue peut distinguer les objets, un bateau qui s'avance vers le pont, et je dis que ce bateau passera sous la troisième arche, parce que je vois sa direction, celle du courant de l'eau et le mouvement que les bateliers font faire aux rames. Cette prévision est toute simple ; elle n'est pas infaillible , mais on se trompera d'autant moins qu'on sera plus exercé à juger, et qu'on aura le coup d'œil plus sûr.

Les intelligences pures pouvant faire des millions de combinaisons , et voir à la fois des millions de causes, tandis que l'homme ne peut en voir qu'un petit nombre, il s'ensuit qu'elles peuvent prévoir des événemens plus éloignés, par la connoissance des causes compliquées qui les préparent. Comparez la vue d'un myope à celle d'un homme qui aperçoit des arbres jusqu'aux limites de l'horizon , ou même à la vue aidée d'un télescope, et vous n'aurez qu'une image imparfaite de la supériorité d'une intelligence pure sur l'intelligence de l'homme. Cependant la prédiction ne sera jamais indubitable, non-seulement parce que quelques circonstances peuvent échapper, mais parce que l'homme peut par sa liberté intervertir l'ordre naturel d'après lequel on avoit calculé : cependant ces cas sont rares, et ils n'influent guère que sur les détails.

Quant à la vision immédiate ou intuition d'un événement à venir, je sais qu'on en cite une foule d'exemples : mais la chose est tellement invraisemblable, qu'avant de chercher à l'expliquer il faut savoir si ces exemples sont bien constatés. En supposant qu'ils le fussent, voici comment on pourroit raisonner.

L'idée d'espace et celle de temps sont inséparables de toutes nos idées ; mais elles n'ont de réalité pour nous que parce que nous avons des sens et que nous sommes liés à la matière.

Le temps n'existe peut-être pas pour Dieu, qui voit d'un coup d'œil le passé, le présent et l'avenir, comme tous les points de l'univers.

Si, comme Kant l'a prétendu, le temps et l'espace n'existent que dans notre manière d'envisager les objets, s'ils ne sont que les conditions nécessaires de notre pensée, les formes originaires et virtuelles de notre sensibilité, les produits de notre *sensorium*, comme les couleurs sont le produit de notre œil , alors les intelligences pures, qui connoissent les choses indépendamment de ces formes, doivent voir l'avenir comme le présent et le passé. Toute la difficulté pour elles , c'est de rapporter ce qu'elles voient à telle ou telle époque : et c'est pourquoi parmi les prédictions on en cite si peu qui soient appliquées à une époque déterminée par une date, et qui soient intelligibles avant l'événement, tandis qu'on en cite beaucoup dans lesquelles la coïncidence de plusieurs événemens se trouve clairement indiquée.

Au reste, quand on adopteroit la possibilité des prévisions, il seroit, comme je l'ai dit , toujours douteux qu'elles fussent exactes, parce que toutes les intelligences étant bornées, quelque circonstance peut leur échapper.

Je pourrois m'étendre beaucoup sur ce sujet : je me borne à répondre à la plus forte objection qu'on puisse faire contre le système des théosophes. Cette objection porte également contre la religion chrétienne ; et c'est une raison de plus pour ne point la passer sous silence.

Ce système, dira-t-on , suppose que Dieu et toutes les intelligences s'occupent de l'habitant de la terre ; que celle-ci est le principal objet de la création. Mais qu'est-ce que la terre ? une petite partie de notre système planétaire , qui lui-même n'est qu'un point dans le système de l'univers. Autour de notre soleil tournent des planètes dont plusieurs sont plus grandes que la terre. Les étoiles sont autant de soleils autour desquels tournent probablement d'autres planètes ; ces étoiles sont innombrables ; et ce n'est pas pour décorer la voûte du ciel, pour réjouir la vue de l'homme, qu'elles remplissent l'espace, puisque celles que nous pouvons apercevoir à l'œil nu ne sont rien en comparaison de celles que nous découvrons avec le secours des télescopes, et qu'il y en a sans doute infiniment plus qui échappent à nos meilleurs instrumens. Est-il raisonnable de penser que la terre soit seule habitée par des êtres sensibles ?

Non, sans doute ; mais la pluralité des mondes n'est point combattue par la religion. Dieu est infini dans ses attributs : un atome est pour lui aussi visible que l'univers. La multitude des objets embarrasse les intelligences bornées, mais non l'être qui comprend tout dans son immensité. Dieu s'occupe de l'homme qu'il a créé, comme si l'homme étoit le seul objet de la création. Nous ignorons la nature et la destinée des êtres qui peuplent les autres planètes ; ils sont peut-être régis par d'autres lois, et nous ne pouvons avoir avec eux aucune correspondance. Quand le nombre des êtres intelligens répandus dans l'univers seroit infini, Dieu n'en écouteroit pas moins la prière d'un homme de bien, et n'en puniroit pas moins la plus légère infraction aux lois de la justice. La plus petite molécule de matière est soumise à l'attraction comme Saturne et Jupiter, et tous les êtres sensibles sont soumis à l'action du Créateur, comme toutes les molécules à l'action du soleil. Il n'est rien de petit aux yeux de celui qui voit les détails aussi distinctement que l'ensemble, qui entend à la fois toutes les créatures, et qui embrasse toutes les existences par un seul acte. Le mot des épicuriens, que Dieu ne peut s'occuper des individus, est un blasphème, ou plutôt il vient de ce que les épicuriens n'avoient aucune idée de Dieu.

Je ne discuterai point ici les objections sur l'origine du mal. On a écrit tant de volumes sur cet objet, qu'il n'y a rien à dire de nouveau. Tous les philosophes conviennent que le Créateur, ayant fait l'homme libre, ne pouvoit lui ôter la faculté de mériter et de démériter. J'ajoute que, lorsqu'on dit que la puissance de Dieu est infinie, cela s'entend nécessairement de sa puissance comparée à celle de toutes les créatures, et non de cette puissance en elle-même. Dieu a choisi le meilleur des mondes possibles , mais il ne pouvoit en créer un dans lequel le mal n'existât pas.

Ces discussions sont d'ailleurs au-dessus de l'intelligence humaine, qui ne peut connoître l'essence des choses, ni pénétrer le mystère de la création et le but du Créateur. L'homme sait que, pour remplir sa destinée, il doit adorer son Créateur , et faire à ses frères tout le bien qui est en son pouvoir : cela lui suffit, car c'est là toute la loi.

Les pratiques des théosophes ont pour objet de communiquer avec les esprits dégagés de la matière, et, pour dernier but, de s'élever à un plus haut degré de perfection. Les moyens qu'ils prétendent avoir pour cela sont-ils réels ou illusoires ? C'est ce que peuvent décider ceux qui les connoissent, et qui, après les avoir consultés, ont cherché de bonne foi à s'éclairer. Il me suffit d'avoir montré que leur théorie n'est point insensée, qu'elle n'est pas dangereuse, et qu'on les a calomniés lorsqu'on les a traités de fanatiques.

Je vais m'adresser maintenant à ceux qui sont disposés à croire à la réalité de la philosophie occulte. Il y a dans le monde beaucoup plus de gens qu'on ne le pense qui sont dans ce cas-là : ils n'osent pas en convenir ; mais voyez avec quelle attention ils écoutent les récits qui tendent à la prouver. Voyez combien de gens assiègent tous les jours la porte des diseuses de bonne aventure. Il en est à Paris qui ont bureau ouvert, qui donnent des audiences, et chez lesquelles on s'inscrit pour avoir son tour. Tous les matins des voitures y conduisent des femmes de la meilleure société, et des hommes qu'une curiosité superstitieuse pousse à une démarche qu'ils rougiroient d'avouer. Voyez combien de gens tirent les cartes, expliquent les songes, croient aux pronostics, etc.

Plusieurs personnes encore cherchent secrètement à faire la connoissance des hommes qui s'occupent d'opérations magiques; ils veulent, disent-ils, voir ce que c'est : ils sont sûrs de leur courage, et de n'être point séduits par des prestiges.

D'autres enfin recherchent ceux qui s'occupent d'opérations théurgiques, et les supplient de leur faire voir quelque chose de merveilleux, assurant que leur unique désir est d'être convaincus pour se conduire en conséquence.

Je vais faire à ces trois ordres de personnes quelques observations qui doivent les détourner d'une démarche imprudente, soit qu'on suppose ou non la possibilité de lire dans l'avenir, et de communiquer avec les esprits.

Vous allez, dirai-je aux premiers, consulter un prophète ; que vous apprendra-t-il ? Rien qui puisse vous être utile. Vous êtes, direz-vous, conduit par un motif de curiosité ; vous ne croirez pas aux prédictions. J'y consens. Vous pouvez répondre de vous dans le moment actuel. Mais supposons qu'on vous annonce une succession d'événemens dont les derniers doivent être funestes, et que par hasard la première partie de la prédiction se vérifie ; alors, quelque force de tête que vous ayez, un jour viendra que vous serez frappé de l'accomplissement de la prédiction, et saisi de crainte pour la suite. Cette idée vous occupera malgré vous ; elle deviendra une idée fixe, et si vous tombez malade, elle vous mettra dans le plus grand danger.

Quant à ceux qui veulent voir des évocations ou des opérations magiques pour se convaincre, je réponds (toujours dans la supposition de la réalité) que ces opérations ne réussissent qu'avec les esprits mitoyens ou les mauvais esprits ; que ces derniers cherchent à se glisser parmi les autres, et qu'il est très-difficile de les écarter ; que, s'ils se communiquent à vous, ils chercheront à vous entraîner dans le mal, et qu'on ne cite aucun exemple de gens qui, s'étant convaincus par de tels moyens de la réalité d'un autre ordre de choses , aient pris le parti de se conduire de manière à mériter d'être récompensés après cette vie. Les mêmes esprits qui viendront satisfaire votre curiosité sauront bien vous détourner de vos bonnes intentions.

Restent ceux qui, persuadés de l'existence d'un monde spirituel, et de la possibilité d'entrer en correspondance avec les intelligences pures, désirent connoître les moyens de cette correspondance, et recherchent ceux qui pourroient les éclairer. Quoique je ne partage point leurs opinions, je ne saurois désapprouver leur désir ; mais je les avertis que, parmi les vrais théosophes, ils n'en trouveront aucun qui consente à satisfaire leur curiosité et à les initier sans préparation. Celui à qui ils se seront adressés leur dira : « Renoncez à vos passions, à vos mauvaises habitudes ; expiez vos fautes passées ; ne vous occupez qu'à faire le bien ; priez, et rendez-vous digne de recevoir la lumière. » Parmi ceux qui suivront ce conseil, si la doctrine des théosophes se trouvoit vraie, il y en auroit qui seroient un jour initiés ; mais ce seroit lorsqu'ils le désireroient, non plus par curiosité, mais comme un moyen de s'élever à un état plus pur. Quant à ceux qui ne parviendroient point à ce dernier terme, ils n'auroient aucun regret d'avoir fait une vaine tentative, puisqu'ils auroient marché dans la route de la vertu, et que cette route, qui conduit sûrement au bonheur dans l'autre vie, est ordinairement la plus heureuse qu'on puisse parcourir dans celle-ci, où nos passions nous font bien plus de mal que les hommes et les choses. Si ceux qui auront fait ces recherches reconnoissent que les idées des théosophes ne sont que des chimères, ils apprendront à avoir des égards pour des hommes qui, dans une théorie illusoire, trouvent des consolations aux peines de la vie, et des motifs pour pratiquer la vertu.

Il me reste à dire un mot de l'influence que peuvent avoir les doctrines mystiques dans leur association aux connoissances humaines.

Je suppose qu'après avoir examiné la doctrine des théosophes, un homme éclairé vienne à l'adopter, il est un écueil dangereux, et qu'il doit éviter avec d'autant plus de soin que plusieurs théosophes y sont tombés ; c'est de chercher dans cette théorie mystique l'explication des phénomènes de la nature.

En supposant la réalité d'un monde intellectuel, ce monde n'a rien de commun avec le monde physique. Les êtres spirituels peuvent agir sur notre âme ; et comme notre âme réagit sur notre corps, ils peuvent par-là influer sur nos habitudes, et même sur notre santé ; mais ils n'ont aucune puissance sur les êtres matériels. Ceux-ci sont soumis à des lois invariables qui ne sauroient être connues que par l'observation, l'expérience et le calcul.

Ainsi un homme prévenu des idées mystiques dont nous avons parlé, s'il raisonne bien, ne cherchera dans sa théorie l'explication d'aucun des phénomènes de la nature. S'il veut étudier ces phénomènes, c'est uniquement à l'école des mathématiciens, des astronomes, des naturalistes, des physiciens, des chimistes, qu'il ira s'instruire. Il se gardera aussi de transporter aux objets les modifications de notre âme, d'employer un langage abstrait, et de donner à certaines expressions, en les appliquant à l'ordre physique, le sens qu'on leur donne dans le monde des esprits. Ainsi les mots *influence, rapport, sympathie, harmonie, puissance,* seront restreints à la signification que leur donnent les physiciens, et ne serviront jamais à expliquer aucun phénomène.

Si les hommes dont je parle, et j'en ai connu qui avoient cette sage réserve, sont dupes d'une illusion, cette illusion n'exercera aucune influence sur leur jugement, pour tout ce qui est relatif aux phénomènes et aux lois de la nature ; leurs discours et leurs écrits ne s'écarteront jamais des principes de la saine physique et des explications fondées sur des observations et des expériences que tout le monde peut vérifier.

Je sais bien que parmi les hommes livrés à la philosophie occulte, il s'est trouvé des adeptes qui croyoient à la pierre philosophale, à la panacée universelle, etc. Ces erreurs, produites par une imagination exaltée, et favorisées par un vil intérêt et par la plus grossière ignorance, ont toujours été opposées à la doctrine des théosophes, qui regardant ces recherches comme indignes du sage, dédaigneroient de s'en occuper, quand même elles auroient quelque réalité.

Je viens d'exposer la doctrine des théosophes aussi clairement que j'ai pu le faire, d'après les renseignemens incomplets que je me suis procurés. J'ai pris le ton du scepticisme pour faire valoir les raisons de ceux qui l adoptent, et les objections de ceux qui la combattent ; j'ai présenté l'enchaînement de toutes les parties de cette doctrine, en distinguant les propositions qui ne sont fondées que sur une opinion métaphysique de celles qui s'appuient sur des faits qu'on peut admettre ou rejeter, après les avoir examinés. J'ai enfin montré quelles sont les conséquences et quel est le but de cette doctrine. Les initiés trouveront sans doute que je n'ai pas tout dit : cela doit être ; mais il me suffit de n'avoir rien dit de faux, et de ne leur avoir pas prêté des opinions opposées à celles qu'ils ont réellement. S'ils pensent qu'il seroit utile que les hommes qui cherchent la vérité de bonne foi pussent être éclairés, c'est à eux à présenter leurs principes dans un ouvrage méthodique, et qui puisse être entendu par tous les lecteurs attentifs (1).

En attendant qu'un tel ouvrage paroisse, je dois dire quels sont pour moi les résultats de la discussion dans laquelle je suis entré. Je ne les propose point comme des vérités, mais comme une opinion à laquelle je ne puis renoncer sans de nouveaux motifs.

Ces résultats sont :

1º Que la doctrine des théosophes n'est nullement prouvée ;

---

(1) Dans l'esquisse que j'ai tracée de la doctrine des théosophes, je me suis borné à ce qui est relatif à la possibilité d'une correspondance entre le monde spirituel et le monde sensible. Je n'ai rien dit de leurs opinions sur l'explication des mystères, sur le sens figuré de l'Écriture dont ils croient avoir la clef, sur les phénomènes physiques considérés comme une image des phénomènes du monde spirituel, sur le langage des esprits, sur les cérémonies et·les sacrifices de l'ancienne loi, etc., etc. Ces détails sont étrangers au but que je m'étois proposé. D'ailleurs il est à remarquer que, relativement à ces divers objets, chacun d'eux a des opinions particulières, et que les unes ne paroissent pas plus solidement établies que les autres.

2° Que quoiqu'elle ne soit point prouvée, elle n'est point absurde en elle-même, ni contraire à ce que la raison nous engage à croire ;

3° Que quand elle seroit vraie, la connoissance n'en seroit pas nécessaire aux hommes, attendu que, pour être instruit de cette doctrine, il faut commencer par pratiquer la vertu, et qu'une fois qu'on est vertueux, on jouit par cela même des avantages qu'elle pourroit procurer ;

4° Que la prudence conseille de ne pas employer son temps à examiner les divers fondemens de cette doctrine, parce que le merveilleux qui l'accompagne peut exalter l'imagination, et nous détourner d'études plus certaines et plus utiles ;

5° Qu'en négligeant d'étudier cette doctrine, on n'a pas le droit de la mépriser, et moins encore celui de mépriser les hommes qui la professent, et qui trouvent en elle une base aux principes de la plus pure morale, et un motif pour supporter sans murmure tous les malheurs de la vie ;

6° Que cette doctrine n'a rien de commun avec celle du magnétisme ; que même la connoissance du magnétisme tend à en éloigner, parce qu'on voit dans l'action du magnétisme la cause naturelle de la plupart des phénomènes qui ont conduit les hommes à adopter une philosophie occulte (1) ;

7° Enfin, que lors même qu'on croiroit à l'existence d'un monde intellectuel, et à la communication des êtres de ce monde avec l'âme humaine, cette opinion ne devroit influer en rien sur les jugemens qu'on porteroit des phénomènes du monde physique, attendu que ces deux mondes sont étrangers l'un à l'autre, et ne sont pas régis par les mêmes lois.

---

(1) Je ne connois qu'un seul principe fondamental qui appartienne à la fois aux doctrines mystiques et à la théorie du magnétisme ; c'est celui que l'homme a la faculté d'agir sur ses semblables par l'influence de sa volonté. Je pourrois citer plusieurs passages de Jacob Behme, de Swedenborg et de Saint-Martin, où cette puissance de la volonté est clairement énoncée. Si cette vérité eût d'abord été reconnue par des philosophes, ils se seroient bornés à en tirer des conséquences raisonnables et faciles à prouver par l'expérience ; ils auroient cherché à connoître l'instrument employé par la volonté, et ils auroient ainsi prévenu les erreurs et les extravagances dans lesquelles les théosophes et les magnétiseurs se sont également laissé entraîner.

Les membres de la sociéte exégétique de Stockholm, ceux qui ont adopté leurs opinions, et généralement tous ceux que j'ai désignés sous le nom de spiritualistes, ont fait beaucoup de tort au magnétisme, en le présentant comme une preuve de leurs idées mystiques, et en citant comme des oracles les folies que disoient leurs somnambules. Souvent même les effets qu'ils ont produits sur leurs malades ont été plus nuisibles qu'utiles, parce que le magnétisme trouble l'harmonie au lieu de la rétablir, lorsqu'il est dirigé de manière à exciter l'imagination.

CHAPITRE XIII.

Conclusion.

J'ai tracé l'histoire de la découverte du magnétisme; j'ai tâché de démêler ce qu'elle offre de vrai et d'utile d'avec les erreurs que l'enthousiasme et la crédulité y ont malheureusement ajoutées; j'ai fait voir que l'ensemble des faits qui l'établissent n'est nullement contraire aux principes que nous enseigne l'étude des sciences naturelles; j'ai indiqué les moyens de se convaincre; j'ai décrit les procédés qui me paroissent les plus convenables; j'ai montré l'application qu'on peut faire du magnétisme au soulagement et à la guérison des maladies, le degré de confiance qu'il mérite, et les inconvéniens auxquels on s'expose si l'on en fait un usage indiscret. J'ai exposé les phénomènes du somnambulisme, non pour fixer l'attention sur cette crise singulière, ni pour engager à la rechercher, mais afin qu'on ne la trouble point si la nature vient à la produire. J'ai prouvé que le magnétisme est absolument étranger aux doctrines mystiques, et que la connoissance des crises qu'il a développées de nos jours tend à ramener à l'ordre naturel les faits merveilleux qui ont servi de base à la superstition. Je pourrois m'arrêter ici ; mais il me semble utile de revenir sur la plupart de ces objets, soit pour répondre à quelques objections, soit pour combattre les exagérations de l'enthousiasme , soit pour indiquer les sources où l'on peut puiser une instruction plus étendue. C'est la tâche que je me propose de remplir dans la seconde partie.

Je crois devoir terminer celle-ci en résumant en peu de mots ce que j'ai dit d'important pour ceux qui, sans entrer dans aucune discussion, voudront faire l'essai des moyens que j'ai indiqués.

Etes-vous auprès d'un malade, employez pour le magnétiser les procédés les plus simples, ceux qui se font à peine remarquer, et qui ne peuvent frapper son imagination. Ne vous occupez ni des sensations qu'il éprouve, ni des phénomènes que le magnétisme peut produire. Livrez-vous au désir et à l'espoir de le guérir, et vous serez bientôt convaincu que vous lui faites du bien.

S'il étoit possible que pendant plus de vingt-cinq ans que j'ai pratiqué le magnétisme je me fusse constamment fait illusion ; que le grand nombre de personnes que j'ai cru soulager ou guérir, d'après l'assurance qu'elle m'en ont donnée, n'eussent éprouvé de bien que par leur imagination ou par l'effet du hasard ; que les phénomènes dont j'ai été si souvent témoin, dépendissent de causes différentes de celle que je leur ai supposée ; que tous ceux qui ont fait, comme moi, des expériences, et avec le même succès, fussent également dans l'erreur ; enfin, que le magnétisme ne fût qu'une chimère ; il en résulteroit du moins qu'il n'est pas nuisible, et que, chez certains individus, la confiance qu'ils y donnent peut produire un soulagement momentané, et favoriser une crise de la nature. Pourquoi donc n'emploieroit-on pas cette illusion qui, comme tant d'autres, seroit propre à adoucir nos maux ? On craint d'exciter l'imagination : hé, quoi ! tenir la main d'un malade, fixer sur lui seul son attention, lui faire quelques légères frictions, sont-ce des procédés qui puissent étonner et porter le trouble dans les idées ? S'il falloit écarter la médecine, ce seroit un danger ; mais point du tout ; on agit sans négliger aucun des secours dont l'expérience a prouvé l'utilité : et cependant on se livre à la pitié ; on cultive en soi ce sentiment de bienveillance qui nous porte à secourir nos semblables ; on témoigne à un être souffrant un intérêt et une affection qui le distraient de ses douleurs. Si l'on se flatte de le soulager, on est soi-même satisfait de cette idée. Ce sera une erreur tant qu'on voudra ; mais, alors il faudroit convenir qu'il est des erreurs utiles dans leur principe et dans leurs consé-quences.

Je renouvelle donc aux mères de famille l'invitation que je leur ai adressée au commencement de cet ouvrage. Qu'elles se croient douées de la faculté de conserver la vie à ceux à qui elles l'ont donnée : la nature a mis dans leur âme les sentimens et les inclinations qui facilitent l'exercice de cette faculté. Lorsqu'elles voient souffrir leurs enfans, aucune idée ne peut les distraire des soins qu'elles leur prodiguent ; elles voudroient les soulager aux dépens de leur propre santé ; elles ont sans cesse les yeux fixés sur eux ; elles les serrent dans leurs bras; elles les couvrent de caresses. Eh bien, ces caresses même seront souvent un moyen de guérison, si elles sont unies à l'intention et à la confiance.

J'invite enfin les hommes éclairés qui ont du loisir, et qui sont à portée de voir des malades, à faire l'essai du magnétisme sans rechercher les merveilles, sans s'inquiéter des objections, sans s'occuper des théories. L'esprit éprouve sans doute une jouissance bien vive à observer de nouveaux phénomènes, à pénétrer les secrets de la nature ; mais le bonheur de soulager un être souffrant est cent fois au-dessus. En comparant le ravissement qu'ont excité chez moi les merveilles du somnambulisme, à la satisfaction que j'ai goûtée lorsque de violentes douleurs ont été d'abord adoucies, et bientôt entièrement dissipées par mes soins ; en me rappelant que j'ai sans peine renoncé aux agrémens de la société, pour aller, six mois de suite, travailler à la guérison d'un hydropique, je puis attester que le plaisir de faire du bien l'emporte sur tous les autres. Le sentiment suffit pour nous persuader de cette vérité ; mais la pratique du magnétisme la prouve tous les jours par l'expérience, et c'est surtout en cela qu'il est favorable aux bonnes mœurs.

FIN DE LA PREMIÈRE PARTIE.